Johanna Filip-Fröschl/Peter Mader
LATEIN IN DER RECHTSSPRACHE
Ein Studienbuch und Nachschlagewerk

JOHANNA FILIP-FRÖSCHL
PETER MADER

LATEIN
IN DER RECHTSSPRACHE

EIN STUDIENBUCH
UND NACHSCHLAGEWERK

3., überarbeitete und erweiterte Auflage

BRAUMÜLLER

CIP-Titelaufnahme der Deutschen Bibliothek

Filip-Fröschl, Johanna:
Latein in der Rechtssprache: ein Studienbuch und Nachschlagewerk / Johanna Filip-Fröschl/Peter Mader. – 3. Aufl.
– Wien : Braumüller, 1999
ISBN 978-3-7003-1264-2

3, überarbeitete und erweiterte Auflage

ISBN 978-3-7003-1264-2

Satz: Grafik & Design Bernhard Feigelmüller, A-3580 Horn
Druck: Ferdinand Berger & Söhne Ges.m.b.H., A-3580 Horn

Inhaltsverzeichnis

Vorwort

Studenten der Rechtswissenschaft, aber auch Studierende der allgemeinbildenden höheren Schulen in die rechtssprachliche Verwendung von Latein einzuführen, ist ein wichtiges Unternehmen. Wer sich keine Grundkenntnisse des Lateinischen verschafft, wird viele juristische Fachausdrücke zeitlebens ungelenk verwenden. Eine Diskussion über die Auslegung von Texten aus dem Corpus iuris civilis ist nur möglich, wenn man von ihrer lateinischen Fassung und nicht bloß von einer Übersetzung ausgeht. An einer derartigen Diskussion teilnehmen zu können, ist ein unverzichtbares Element einer guten Juristenausbildung.
Für das Studium der Rechtswissenschaften ist nach Anhang 1 zu § 1 Abs 1 der Studienberechtigungsverordnung (BGBl 1986/439 idF BGBl 1994/749) das Fach „Latein 1" ein Pflichtfach. Es umspannt nach dieser Verordnung die „Kenntnis des im Studium des römischen Rechtes und in der heutigen rechtswissenschaftlichen Fachsprache erforderlichen Wortschatzes". Beim Erwerb dieser Kenntnis zu helfen, ist der vorliegende, von zwei (durch bedeutende Abhandlungen ausgewiesenen) Salzburger Romanisten erarbeitete, auf reicher didaktischer Erfahrung beruhende Band vorzüglich geeignet.
Der Band kann aber noch eine andere Funktion erfüllen: Mit einer Verordnung vom 12. 12. 1988 sind die Lehrpläne der allgemeinbildenden höheren Schulen geändert worden (BGBl 1989/63). Dabei wird für die 8. Klasse ab etwa Jänner „Augustinus als Repräsentant einer Zeit des Umbruchs" und „Römisches Recht" zur Wahl gestellt. Auf Grund von Texten aus den Institutionen des Gaius, dem Corpus iuris civilis und dem Zwölftafelgesetz sollen die Schüler einige Beispiele aus der römischen Rechtspraxis sowie einige wichtige, heute noch gebräuchliche römische Rechtsregeln kennenlernen (so der Lehrplan). Die dabei begegnenden Fachausdrücke leichter zu verstehen, kann ihnen und vielleicht sogar ihren Professoren das vorliegende Buch helfen.

Salzburg, im April 1999

o. Univ.-Prof. Dr. DDr. h.c. Theo Mayer-Maly

Zu diesem Buch

Aus dem Vorwort zur 1. Auflage

Dieses Buch entstand aus einem Lehr- und Lernbehelf für das Fach „Latein 1", das mit dem Studienberechtigungsgesetz BGBl 1985/292 als Pflichtfach für den Zugang zum Studium der Rechtswissenschaften neu eingeführt wurde. Die StudienberechtigungsVO BGBl 1986/439 sieht dafür inhaltlich die „Kenntnis des im Studium des römischen Rechts und in der heutigen rechtswissenschaftlichen Fachsprache erforderlichen Wortschatzes" vor. Unsere Zielsetzung war es von Anfang an, die Vermittlung des „Wortschatzes" nicht zum bloßen Vokabellernen werden zu lassen, sondern die relevanten Begriffe auch für den juristischen (Noch-)Laien mit Leben zu erfüllen. Die verstärkte Nachfrage nach dieser Sammlung „Juristenlatein" auch von seiten der „Normalstudenten" zeigte bald, daß ein allgemeiner Bedarf für ein Nachschlagewerk zu den zahlreichen Begriffen und Begriffsverbindungen, die dem angehenden Juristen beim Studium und in der späteren Berufspraxis begegnen, zu bestehen schien.

Bei der Arbeit an diesem Buch sind wir von zwei Gesichtspunkten ausgegangen. Zum einen sollen die lateinischen Begriffe der Rechtssprache in ihrem Bedeutungsumfeld erläutert werden. Aus diesem Grund haben wir statt einer alphabetischen Auflistung die Erörterung nach Sachgebieten gewählt. Innerhalb der einzelnen Gebiete haben wir uns bemüht, auch die Sachzusammenhänge darzustellen. Ein Einstieg in die Erörterung von Rechtsfragen war dabei nicht vermeidbar und durchaus gewollt. Um zugleich die Funktion eines Nachschlagewerkes zu erfüllen, wurde ein ausführliches Register aufgenommen. Zum zweiten ging es uns auch darum, die lateinischen Sprachwurzeln aufzuzeigen, um das Gefühl für jene Sprache zu schulen, die heute noch für den Juristen von so großer Bedeutung ist.

Für des Lateinischen gänzlich Unkundige wird es unumgänglich sein, sich zum besseren Verständnis der Fachausdrücke zumindest Grundkenntnisse der lateinischen Grammatik anzueignen. Bei den Vorbereitungskursen für die Studienberechtigungsprüfung hat sich eine Einführung in die lateinische Grammatik sehr bewährt. Den ursprünglichen Plan, eine solche Einführung in dieses Buch aufzunehmen, mußten wir aus Platzgründen fallen lassen. Auf Grund dieser Beschränkung war es uns auch nicht möglich, die Begriffe aus dem Bereich des Kanonischen Rechts zu berücksichtigen.

Vorwort zur 3. Auflage

In die nun vorliegende dritte Auflage des Buches haben wir einige Ergänzungen eingearbeitet und an manchen Stellen die Begriffserklärungen neu überdacht. Wir danken allen Freunden und Kollegen für hilfreiche Anregungen und Hinweise.

Salzburg, im April 1999

Johanna Filip-Fröschl/Peter Mader

Literaturverzeichnis

Bei der Erstellung dieses Buches wurde va folgende Literatur verwendet:

BALTL, Österreichische Rechtsgeschichte[9] (1997)
BERTEL, Grundriß des österreichischen Strafprozeßrechts[5] (1997)
BRAUNEDER LACHMAYR, Österr. Verfassungsgeschichte[7] (1998)
BYDLINSKI, Juristische Methodenlehre und Rechtsbegriff[2] (1991)
FASCHING, Lehrbuch des österreichischen Zivilprozeßrechts[2] (1990)
HAUSMANINGER/SELB, Römisches Privatrecht[8] (1997)
HOLZHAMMER, Österreichisches Insolvenzrecht[5] (1996)
HOLZHAMMER, Österreichisches Zivilprozeßrecht[2] (1976)
HOLZHAMMER, Österreichisches Zwangsvollstreckungsrecht[4] (1993)
HONSELL/MAYER-MALY/SELB, Römisches Recht (1987)
KASER, Römisches Privatrecht[17] (1998)
KIENAPFEL, Strafrecht Allgemeiner Teil[6] (1996)
KIENAPFEL, Grundriß des österreichischen Strafrechts, Besonderer Teil Bd. I[4] (1997), Bd. II[3] (1993)
KOZIOL/WELSER, Grundriß des bürgerlichen Rechts, Bd. I und II[10] (1995/96)
MAYER-MALY, Einführung in die Rechtswissenschaften[5] (1991)
NEUHOLD/HUMMER/SCHREUER, Handbuch des Völkerrechts I[3] (1997)
RECHBERGER/SIMOTTA, Zivilprozeßrecht (Erkenntnisverfahren)[4] (1994)
SCHWIMANN, Grundriß des internationalen Privatrechts (1982)
TRIFFTERER, Strafrecht Allgemeiner Teil[2] (1994)
WALTER/MAYER, Grundriß des österreichischen Bundesverfassungsrechts[8] (1996)
WALTER/MAYER, Grundriß des Besonderen Verwaltungsrechts[2] (1987)
WALTER/MAYER, Grundriß des österreichischen Verwaltungverfahrensrechts[6] (1995)

Nachschlagwerke:

HEUMANN/SECKEL, Handlexikon zu den Quellen des römischen Rechts[11] (1971)
LIEBS, Lateinische Rechtsregeln und Rechtssprichwörter[6] (1998)

Die Angaben der lateinischen Wortformen erfolgten größtenteils nach

STOWASSER, Lateinisch-deutsches Schulwörterbuch (1998)

Zum Einstieg: Latein im täglichen Universitätsleben

Ab dem ersten Tag an der Universität wird der Student – und keineswegs nur jener der Rechtswissenschaften – mit einer Vielzahl von Begriffen konfrontiert, die aus der Zeit stammen, in der Latein noch als Unterrichtssprache an den Universitäten diente (die 1. Vorlesung in deutscher Sprache wurde erst 1687 von C. Thomasius gehalten) und deren man sich tagtäglich bedient, ohne sich oft ihrer Bedeutung oder Herkunft bewußt zu sein. Bereits der Name Universität kommt aus dem Lateinischen:

universitas (-atis f.) (Personen-)Gesamtheit, Körperschaft. In früherer Zeit sprach man bei universitären Studien vom **„studium generale“**, die Gemeinschaft der Lehrer und Schüler wurde als **„universitas magistrorum et scholarium“** bezeichnet, woraus sich bald die Bezeichnung **universitas** für die gesamte Institution entwickelte.

Gelegentlich nennt man die Universität

Alma Mater die „nährende Mutter“ (**mater**, -tris f.: Mutter; **almus** 3: nährend, segenspendend).

Oberstes Organ der Universität und ihr Vertreter nach außen ist seit der Frühzeit der Universitäten der

Rektor (**rector**, -oris m.: Lenker, Leiter), der für eine Funktionsperiode von der Universitätsversammlung gewählt wird.
Als Titel und Anrede für den Rektor verwendet man

Magnifizenz „Erhabenheit“ (**magnificentia**, -ae f.: Hochherzigkeit, Pracht). Zur Vertretung des Rektors vorgesehen sein kann zu Beginn seiner Amtsperiode sein Amtsvorgänger, der

Prorektor (**pro:** Präp. + Abl.: vor, für, gemäß, anstatt), also der gewesene Rektor; in der zweiten Phase seiner Amtszeit sein bereits gewählter Amtsnachfolger, der

Praerektor (**prae:** Präp. + Abl.: vor, vor … her), der vor dem Rektoramt steht, oder auch von

Vizerektoren: (von **vicis** f. ohne Nominativ: Wechsel, Stelle, Rolle, Platz; Akk.: **vicem:** wechselweise, anstatt, für; Abl. **vice:** an Stelle), die dem Rektor zur Erfüllung seiner Aufgaben in bestimmten Bereichen zur Seite stehen.

Zum Einstieg: Latein im täglichen Universitätsleben

Die feierliche Amtseinführung des Rektors bezeichnet man als

Inauguration (**inauguratio:** im alten Rom die feierliche Amtseinsetzung von Priestern mit Einholung der göttlichen Zustimmung; **auguro** 1: Augurien anstellen, Zeichen beobachten und deuten; prophezeien).

Als oberstes Kollegialorgan (**collegium**, -i n.: Amtsgenossenschaft) der Universität fungiert der

akademische Senat (**senatus**, -us m.: Rat der Alten).

Die Universität wird meist in **Fakultäten** gegliedert, in denen die einzelnen Fachbereiche zusammengefaßt sind (ursprünglich Theologie, Recht, Medizin und später **Artes liberales** = „die freien Künste“, philosophische Fakultät). Die Bezeichnung kommt von

facultas (-atis f.) Möglichkeit, Fähigkeit, Vermögen.

Nach außen hin vertreten wird eine Fakultät durch den

Dekan (**decanus:** Vorsteher von zehn), der für zwei Studienjahre aus dem Kreis der ordentlichen Professoren gewählt wird. Offizieller Titel und Anrede des Dekans ist

Spektabilität oder **Spectabilis**
„Ansehnlichkeit“ (**spectabilis**, -e: sichtbar, ansehnlich, herrlich).

Neben dem Dekan ist auch ein Kollegialorgan mit der Leitung der Fakultät betraut, das

Fakultätskollegium (**collegium**, -i n.: Amtsgenossenschaft), in dem alle Angehörigen der Fakultät vertreten sind; traditionellerweise spricht man von den einzelnen Gruppen als

Kurien (von **curia**, -ae f.: Volksabteilung, Kurie, nach der ursprünglichen Einteilung der römischen Volksversammlung, in der auch **curiatim** [nach Kurien] abgestimmt wurde). Demgemäß gibt es eine Professoren-, eine Mittelbau- und eine Studentenkurie.

professor (-oris m.) einer, der sich öffentlich bekennt, erklärt; öffentlicher Lehrer, heute: Hochschullehrer (von **profiteor** 2, -fessus sum: bekennen, öffentlich erklären).

Zum Einstieg: Latein im täglichen Universitätsleben

Zum Kreis der Hochschullehrer gehört auch der

Dozent = „Lehrender“ (**doceo** 2, docui, doctus: lehren, unterrichten; **docens**: Part. Präs. = lehrend). Er hat vor allem durch Vorlegung einer

Habilitationsschrift,
das ist eine umfangreichere wissenschaftliche Abhandlung in einem Fachgebiet, und nach Prüfung durch eine Habilitationskommission die Lehrbefugnis für dieses Fach erlangt (**habilis**, -e: tauglich, geeignet). Die Lehrbefugnis bezeichnet man als

venia docendi (oder **legendi**)
(**venia**, -ae f.: Erlaubnis, Gunst, Gnade; **lego** 3, legi, lectus: lesen; **legendi**: des Lesens; **docendi**: des Lehrens, Gerundium).

Statt von einem Eintritt in den Ruhestand spricht man bei einem Professor von der

Emeritierung Entbindung von seinen Dienstpflichten, er selbst wird bezeichnet als

Emeritus (**emeritus**: ausgedient; zu **emereo** 2, -ui, -itus und **emereor** 2, -itus sum: ausdienen, sich verdient machen), er ist jedoch berechtigt, weiterhin Lehrveranstaltungen anzubieten.

Honorarprofessoren
sind Wissenschafter, die nicht als ordentliche, außerordentliche oder emeritierte Professoren an der betreffenden Fakultät tätig sind, denen man aber zur Würdigung ihrer hervorragenden wissenschaftlichen Leistungen die Lehrbefugnis für ein Gebiet und gleichzeitig damit den Titel Honorarprofessor verliehen hat (**honorarius** 3: ehrenhalber; vgl auch **honor**, -oris m.: Ehre).

Universitätslektoren
(**lector**, -oris m.: Vorleser; **lectio**, -onis f.: Vorlesung) sind Personen (oft Bundeslehrer), die für ein Fach bzw nur für bestimmte Lehrveranstaltungen die Unterrichtsbefugnis an der Universität erhalten haben.
Personen, die mit der Abhaltung von Lehrveranstaltungen betraut werden, ohne in einem Dienstverhältnis zur Universität zu stehen, werden auch

Universitätsinstruktoren
genannt (**instruo** 3, -struxi, -structus: unterweisen, unterrichten).

Zum Einstieg: Latein im täglichen Universitätsleben

Der Zugang zur Universität ist in Österreich nicht beschränkt, da es keinen

numerus clausus = „beschränkte Zahl" gibt (**numerus**, -i m.: Teil, Zahl, Anzahl; **claudo** 3, -si, -sus: schließen, einschließen, absperren).

Zu Beginn seiner Laufbahn macht der angehende

Student (**studeo** 2, -ui: sich um etwas bemühen, streben, „studieren"), auch

Studiosus (**studiosus** 3: eifrig, emsig, wißbegierig, gelehrt, studierend) Bekanntschaft mit der universitären Verwaltung. In der

Evidenzstelle, der zentralen Erfassungsstelle (**evidens**, -entis: augenscheinlich, offenbar, klar), wo das Verzeichnis der Studierenden der jeweiligen Universität geführt wird, hat er die

Immatrikulation vorzunehmen, die Aufnahme in die Matrikel der Universität (**matricula**: Verzeichnis über Personen oder Einkünfte). Das Verlassen der Hochschule bezeichnet man demgemäß als

Exmatrikulation (**e**, **ex**: Präp. + Abl.: aus).

Zur Belegung der Lehrveranstaltungen der gewählten Fächer hat der Student zu

inskribieren (**inscribo** 3, -scripsi, -scriptus: auf etwas schreiben, eintragen, einschreiben). Die Inskription, Einschreibung, Belegung der Lehrveranstaltungen, muß jedes Studienhalbjahr =

Semester vorgenommen werden (**semestris**, -e: sechsmonatig, halbjährig; von: **sex** = 6 + **mensis**, -is m.: Monat). An manchen Universitäten ist das Studienjahr auch in drei Abschnitte, sogenannte

Trimester geteilt (**tris** = **tres** = 3).

Stipendium wirtschaftliche Unterstützung für Studenten (**stipendium**, -i n.: Sold, Löhnung, Steuer).

Die zentrale Einrichtung zur Besorgung aller Kassengeschäfte einer Universität ist die

Quästur, diese Bezeichnung leitet sich vom gleichnamigen römischen Amt ab. Im alten Rom hatte der **Quaestor** die Staatskasse zu verwalten. Die Quästur der Unviversität zahlt etwa die

Remunerationen für Lehraufträge aus (**remuneratio**, -onis f.: Vergeltung, Erkenntlichkeit).

Auch die Bezeichnung für die Studentenkantine

Mensa (academica) stammt aus dem Lateinischen (**mensa**, -ae f.: Tisch, Tafel, Essen).

Bisweilen stellen sich zu Semesterbeginn ältere Studenten als Ratgeber für Studienanfänger zur Verfügung, man nennt sie

Tutoren (**tutor**, -oris m.: Bewahrer, Betreuer; rechtlich: Vormund, s S 67). Die Einrichtung selbst heißt

Tutorium

Die Abkürzungen

s.t. oder **c.t.** beziehen sich auf den pünktlichen (**sine tempore**: ohne Zeit) Beginn einer Lehrveranstaltung bzw auf den Beginn der Lehrveranstaltung 15 Minuten nach der angegebenen Zeit, also nach dem sog „akademischen Viertel" (**cum tempore**: mit Zeit; **tempus**, -oris n.: Zeit; sine: Präp. + Abl.: ohne; **cum**: Präp. + Abl.: mit).

Im Lehrveranstaltungsangebot findet sich manchmal ein

Konversatorium Lehrveranstaltung in Form von Diskussionen und Anfragen an Angehörige des Lehrkörpers (**conversatio**, -onis f.: Verkehr, Umgang; davon heute: Konversation: gepflegte Unterhaltung).

In einem

Repetitorium wird der prüfungsrelevante Stoff eines Faches mit den Studenten wiederholt (**repetitio**, -onis f.: Wiederholung; **repeto** 3, -ivi, -itus: wiederholen, wieder wohin gehen).

repetitio est mater studiorum
Die Wiederholung ist die Mutter der Studien.

Seminar ist eine fachlich höchstrangige Lehrveranstaltung, die der wissenschaftlichen Diskussion zu dienen hat und in der von den Teilnehmern mündliche oder schriftliche Beiträge gefordert werden (**seminarium**, -i n.: Pflanzschule, Baumschule; **semino** 1: zerstreuen, aussäen, hervorbringen, erzeugen).

Zum Einstieg: Latein im täglichen Universitätsleben

Proseminar Vorstufe der Seminare, in denen Grundkenntnisse des wissenschaftlichen Arbeitens vermittelt werden sollen (**pro**: vor, für)

Privatissimum (Plural: Privatissima) Spezielles Forschungsseminar (oft für Dissertanten oder Diplomanden), deren Teilnehmerzahl auch beschränkt werden kann (**privatus** 3: persönlich, privat; Superlativ: **privatissimus**: sehr persönlich).

Zuweilen wird im Rahmen einer Lehrveranstaltung auch eine

Exkursion, ein gemeinsamer Ausflug oder eine Reise, die zur Veranschaulichung des Unterrichts beitragen soll, angeboten (**excursio**, -onis f.: Ausflug; **excurro** 3, -curri, -cursum: hinauslaufen).

Ein

Skriptum ist eine gedruckte Vorlesungsmitschrift oder eine kurz gefaßte Stoffdarstellung eines Gebietes (**scribo** 3, scripsi, scriptus: schreiben, verfassen; **scriptum**: das Geschriebene).

Prüfungen werden in verschiedenen Formen abgenommen. Das

Kolloquium ist eine mündliche Prüfung (**colloquium**, -i n.: Unterredung, Gespräch; **colloquor** 3, collocutus sum: sich besprechen). Als

Klausur bezeichnet man eine schriftliche Prüfung unter Aufsicht (übersetzt: Einschließung; von **claudo** 3, -si, -sus: schließen, verschließen, umzingeln).

Reprobationsfrist die Frist, nach deren Ablauf eine nicht bestandene Prüfung oder eine nicht approbierte wissenschaftliche Arbeit frühestens wiederholt bzw neu eingereicht werden darf (**reprobatio**, -onis f.: Verwerfung, Mißbilligung, Ablehnung, Zurückweisung; auch Gegenbeweis; **reprobo** l: für untüchtig erklären, erkennen; verwerfen, ablehnen).

Approbation ist die Annahme einer wissenschaftlichen Arbeit als Voraussetzung zur Erlangung eines akademischen Grades (**approbo** l: billigen, zustimmen, beifällig aufnehmen, segnen; vgl heute: approbieren).

Zur Erlangung der Doktorwürde muß eine

Dissertation vorgelegt werden, das ist eine Arbeit, in der man sich wissenschaftlich mit einem Thema auseinandersetzt (**disserto** l: erörtern, auseinandersetzen).

Zum Einstieg: Latein im täglichen Universitätsleben

Dissertanten nennt man diejenigen Studenten, die an einer Dissertation arbeiten (sich mit einem Thema auseinandersetzen); eine andere Bezeichnung ist

Doktorand jemand, der zum Doktor gemacht werden soll (**doctorandu**s 3: Gerundiv).

Erst wenn die Dissertation approbiert ist, wird der

Kandidat zur letzten Prüfung zugelassen (**candidatus**, -i m.: römischer Amtsbewerber, der traditionsgemäß mit einer ‚**toga candida**' bekleidet war; **candidus** 3: weiß).

Die Prüfung zur Erlangung der Doktorwürde heißt

Rigorosum, was soviel bedeutet wie „strenge Prüfung" (**rigor**, -oris m.: Härte, Strenge, Starrheit).

Jemanden, der ein Diplomstudium betreibt und eine Diplomarbeit verfaßt, nennt man

Diplomand (ein zu Diplomierender). Diplom (Urkunde, Zeugnis, Empfehlung) kommt aus dem Griechischen und bedeutete ursprünglich „gefaltetes Schreiben" (in Latein: **diploma**, -atis n.: Empfehlungsbrief, Diplom).

Zur Abhaltung von Diplomprüfungen werden Prüfungskommissionen gebildet; eine wesentliche Aufgabe kommt dabei dem

Präses der Kommission zu, der unter anderem auch Anmeldungsfristen und -modalitäten festsetzt, Prüferwechsel genehmigt oder Begutachter für Dissertationen bestellt (**praeses**, -sidis m./f.: Beschützer, Vorsteher, Leiter).

Nach Abschluß der vorgesehenen Prüfungen wird dem Studenten der entsprechende akademische Grad (**gradus**, -us m.: Stellung, Stufe, Rang, Grad) als Würdigung der in den Prüfungen erbrachten Leistungen verliehen. Die Verleihung des Grades eines

Magister (**magister**, -tri m.: Meister, der Höchste, Erste, Lehrer, Oberste, Leiter, Ratgeber) nennt man

Sponsion (**sponsio**, -onis f.: feierliches Versprechen, Gelöbnis, Zusage; das dazugehörige Verb ist **spondeo** 2, spopondi, sponsus: feierlich geloben, sich verpflichten, versprechen; deshalb auch: spon**d**ieren). Die

Bezeichnung rührt daher, daß die zu Graduierenden vor der Verleihung ursprünglich ein Gelöbnis abgeben mußten, so wie etwa heute noch die Kandidaten bei einer feierlichen Sponsion oder Promotion versprechen, der Wissenschaft zu dienen, ihre Ziele zu fördern und dadurch verantwortlich zur Lösung der Probleme der menschlichen Gesellschaft und deren gedeihlicher Weiterentwicklung beizutragen.

Die

Promotion ist die Verleihung der Doktorwürde (**promoveo** 2, -movi, -motus: befördern, fördern, heben, vorwärtsbewegen; **promotio**, -onis f.: Beförderung zu Ehrenstellen).

Mit der Promotion erwirbt der Student den Grad eines

Doktor (**doctor**, -oris m.: Lehrer, Lehrmeister).

Feierliche Sponsionen und Promotionen erfolgen in Anwesenheit des Rektors und des zuständigen Dekans, die Verleihung wird durch einen

Promotor, einen Professor der Fakultät des Absolventen durchgeführt (**promotor**, -oris m.: Förderer, Vermehrer; vgl im Kirchenrecht: **promotor fidei**: Förderer des Glaubens).

Mit einer

Promotio sub auspiciis praesidentis rei publicae
(Promotion unter den Auspizien des Bundespräsidenten) wird ein Student ausgezeichnet, der sowohl die AHS als auch seine Hochschulstudien mit den besten Prüfungsergebnissen abgeschlossen hat (**sub**: Präp. + Abl.: unter; **auspicium**, -i n.: Vorzeichen, Oberbefehl, persönliche Führung; **praesidens**, -entis: Part. Präs. von **praesideo** 2, -sedi: voransitzen, vorsitzen, leiten, befehligen; **res publica**: Staat – s S 33).

Absolutorium Abschlußbescheinigung, die dem ordentlichen Hörer, der die Universität verläßt, nach Ablegung der für seine Studienrichtung vorgeschriebenen Prüfungen auf Antrag ausgestellt werden muß (**absolvo** 3, -solvi, -solutus: freisprechen, loskommen, befreien, vollenden). Man spricht auch vom **Absolventen** der Hochschule.

Nostrifizierung Anerkennung der Gleichwertigkeit von im Ausland erworbenen akademischen Graden und Studienabschlüssen mit inländischen

Studienabschlüssen durch die zuständige akademische Behörde einer inländischen Hochschule, an der ein entsprechendes Studium eingerichtet ist (**nostrum facere**: „zum Unseren machen"; **noster**, -tra, -trum: unser).

baccalaureus seit dem 13. Jh. unterster akademischer Grad (Etymologie umstritten, aus dem Lateinischen von **baca laureus** = Lorbeerkranz, oder aus dem Altfranzösischen: „bachellier" = „bas chevallier"; mlat.: ‚Hintersasse', ein nach dem Ritterschlag strebender Knappe).

Akademische Feiern finden meist in der

Aula (magna) dem Festsaal der Universität statt (**aula**, -ae f.: Halle, Hof).

Der größte Hörsaal einer Universität heißt

Auditorium maximum

abgekürzt oft **AudiMax** (**audio** 4; hören; **auditorium**, -i n.: Hörsaal, auch: Zuhörerschaft; **maximus** 3: der größte, Superlativ von **magnus** 3: groß)

Grundbegriffe des Rechts und des Staates

In diesem Abschnitt sind zunächst einige grundlegende Begriffe zu erörtern, die zum Basisvokabular (Vokabularium: Wortschatz, von **vocabulum**, -i n.: Wort, Bezeichnung) der Rechtssprache gehören. Auszugehen ist natürlich vom Begriff

ius, iuris n.

a) (menschliches) Recht als Ordnung des Zusammenlebens; die Summe der Normen und Einrichtungen, die die „Rechtsordnung" ausmachen = das „objektive Recht"
b) Das Recht (die Befugnis) einer bestimmten Person in einer konkreten Situation (zB das Recht des Käufers aus einem Kaufvertrag) = das „subjektive Recht"

Beide Begriffe hängen eng zusammen. Jedes einzelne subjektive Recht wird vom objektiven Recht eingeräumt.

c) Gerichtsort, Gerichtsstätte (wahrscheinlich die ursprüngliche Bedeutung von „**ius**")

in iure

bedeutet danach: auf der Gerichtsstätte, vor Gericht, wo jeder Prozeß in Rom vor dem zuständigen Beamten begann (**in**: Präp. + Abl.: räuml. in, an, auf, „Wo-Fall")

Ein bekannter Definitionsversuch stammt vom römischen Juristen **Celsus** (Digesten 1, 1, 1 pr.):

ius est ars boni et aequi

Das Recht ist die Wissenschaft des Guten und Gerechten (**ars**, artis f.: Kunst, Wissenschaft; **bonus** 3: gut; **aequus** 3: billig, gerecht).

Von der Entstehung her differenziert man:

ius naturale

Naturrecht (**naturalis**, -e: natürlich, von Natur entstanden): Schon aus der Antike kommt die Vorstellung, daß ein gewisser Teil des Rechts bereits vorgegeben ist, der Natur innewohnt und zeitlose Gültigkeit besitzt, der Mensch dieses Recht also nicht geschaffen hat, sondern es nur erkennen kann (deshalb oft auch „vorpositive Ordnung"). Je nach philosophischer Ansicht führt man es, wie etwa die Römer, auf die

naturalis ratio,

die natürliche Vernunft zurück (**ratio**, -onis f.: Vernunft; auch Grund, Überlegung), oder, wie die christliche Lehre, auf Gott. Aus dem **ius naturale** lassen sich zahlreiche Grundrechte herleiten, weshalb es zuweilen im Widerspruch mit dem vom Menschen gesetzten Recht stehen kann, als dessen Korrektiv es sich dann versteht. Rechtsphilosophisch ist das Naturrecht sehr umstritten.

ius positivum ist dagegen das vom Menschen geschaffene, das gesetzte (gesatzte) Recht, auch: positives Recht (**pono** 3, posui, positus: setzen, stellen, legen; **positivus** 3: spätlat. gesetzt, gegeben). Vgl auch

ius ex scripto das „geschriebene" Recht, das Recht, das durch Gesetzgebungsakt entsteht (wörtl.: aus dem Geschriebenen; **scribo** 3, scripsi, scriptus: schreiben; **e**, **ex**: Präp. + Abl.: von, aus)

Die schriftliche Niederlegung von Rechtssätzen bezeichnet man als

Kodifikation (**codicem facere**: einen Kodex machen)

Kodex Gesetzbuch, Gesetzessammlung (**codex**, -icis m.: Heft, Buch)

Die wohl für die europäische Rechtsentwicklung wichtigste Kodifikation, durch die das römische Recht überliefert wurde, ist das

Corpus iuris civilis seit der Gesamtausgabe aus dem 16. Jh. von Dionysius Gothofredus so benannte Sammlung der von Kaiser Justinian im 6. Jh. in Kraft gesetzten Rechtsquellen. Justinian wollte damit das klassische römische Recht wiederbeleben und Rechtssicherheit schaffen (**corpus**, -oris n.: Körper, Ganzes, Gesamtheit; **ius civile**: bürgerliches Recht bzw weltliches Recht s o). Das Kernstück des CIC sind die

Digesten (**digesta**: geordnetes, von **digero** 3, -gessi, -gestus: ordnen, sammeln) oder

Pandekten (lat. **pandectae** von griech.: pandektes, pandektai: Sammlung), die durch eine von Justinian eingesetzte Kommission neu geordnete und ihrer Zeit angepaßte Sammlung von Auszügen aus den Juristenschriften der klassischen römischen Juristen aus der Zeit von ca 100 v. Chr. bis 250 n. Chr. Die Digesten sind ein Beispiel einer

Kompilation Sammlung, Zusammentragung (von Rechtssätzen) aus mehreren Quellen (**compilo** 1: ausbeuten), die Mitglieder der justinianischen Kommission nennt man daher **Kompilatoren**. Texteingriffe in den ursprünglichen klassischen Text bezeichnet man als

Interpolationen (**interpolatio**, -onis f.: Umgestaltung, von **interpolo** 1: auffrischen, verderben, fälschen).

I. Abschnitt

Zum **Corpus iuris civilis** Justinians gehören weiters der

Codex die Sammlung von Konstitutionen römischer Kaiser seit Hadrian bis 534 n. Chr., sowie die

Institutionen ein auf die Institutionen des klassischen Juristen **Gaius** zurückgehendes Anfängerlehrbuch des römischen Rechts, das mit Gesetzeskraft ausgestattet wurde (**institutio**, -onis f.: Anfangsgründe, erster Unterricht in einer Wissenschaft; Einrichtung). Den letzten Teil des CIC bilden die

Novellen die neuen Konstitutionen Justinians nach Inkrafttreten des Codex (von **novellae leges**: neue Gesetze).

Corpus iuris canonici
Bezeichnung aus dem 16. Jh. für die zwischen 1140 und 1500 entstandene Sammlung des Kirchenrechts = **ius canonicum** (von **canon**, -onis m.: Regel, Richtschnur, im Kirchenrecht die einzelne Vorschrift)

Rezeption allgemein Übernahme von Rechtssätzen einer anderen Rechtsordnung (rezipieren: auf-, übernehmen, von **recipio** 3, -cepi, -ceptus), im Besonderen: die Übernahme römischen und kanonischen (= gelehrten) Rechts in Deutschland

ius commune (**communis**, -e: allgemein, gemeinsam) „gemeines Recht" wird das nach der Rezeption in der Neuzeit fortgebildete, den deutschen Verhältnissen angepaßte, römische und kanonische Recht genannt.

ius ex non scripto das „ungeschriebene" Recht; Recht, das nicht durch gesetzgeberischen Akt entsteht, wie das Gewohnheitsrecht

consuetudo (-inis f.)
wörtlich: die Gewohnheit, das Herkommen, Sitte, Brauch. Als „Gewohnheitsrecht" bezeichnet **consuetudo** kraft allgemeiner Anerkennung durch den Gemeinwillen entstandene und geltende Rechtsnormen.

Der Gegenbegriff ist

desuetudo (-inis f.) wörtlich: Entwöhnung, hier: Außerkrafttreten von Rechtssätzen durch dauernde Nichtanwendung

Grundbegriffe des Rechts und des Staates

Ein Inhaltszusammenhang besteht zwischen **consuetudo** und

mos, moris m. Sitte, Brauch, und zwar sowohl das ethische Gebot (Moral) als auch der bloße „Brauch" als Übung eines bestimmten Verhaltens.

Im römischen Recht spielen speziell die

mores maiorum, das „gute Herkommen der Vorväter", eine wichtige Rolle (**maior**: größer [Komparativ von **magnus** 3: groß]; hier: älter). Vgl auch

boni mores die „guten Sitten" (**bonus** 3: gut, redlich)

ius kann auf die **mores** zurückgehen, man kann von einem Prozeß der „Verdichtung" der bloßen Gewohnheit zum Gewohnheitsrecht sprechen.

fas n. (undekliniert) göttliches Recht; Gegenbegriff:

nefas Unrecht, Frevel, Sünde; adj.: religiös unstatthaft

dies nefasti „gesperrte" oder „unerlaubte" Tage = Tage, an denen aus religiösen Gründen keine Gerichtsverhandlungen stattfinden durften

fas et iura göttliches und menschliches Recht

Recht im objektiven Sinn kann man in zwei Normengruppen einteilen:

ius privatum Privatrecht; das Recht, das die Angelegenheiten des einzelnen regelt (**privatus** 3: privat, den Privatmann betreffend). **ius privatum** ist etwa das Erbrecht oder die Normen, die den Kaufvertrag regeln (und zwar auch dann, wenn der Staat von einer Privatperson ein Grundstück erwirbt).

ius publicum öffentliches Recht; das „Recht des Staates und seiner Angelegenheiten" (**publicus** 3: öffentlich, den Staat betreffend). Zum öffentlichen Recht gehört zB das Verfassungsrecht, das Strafrecht, das Steuerrecht, das Gewerberecht oder das Baurecht.

Entscheidend für die Zuordnung ist, ob an einem rechtlichen Vorgang ein Rechtssubjekt, das mit Hoheitsgewalt (**imperium**: s S 35) ausgestattet ist, in Ausübung dieser beteiligt ist (sog Subjektstheorie).

ius privatum ist entweder

I. Abschnitt

ius cogens zwingendes Recht (**cogo** 3, coegi, coactus: zwingen, auch sammeln; **cogens**, -entis: Part. Präs.): Recht, das durch Vereinbarungen der Beteiligten nicht abgeändert werden kann; zB viele Bestimmungen im Mietrecht oder Arbeitsrecht, die dem Schutz von Mietern bzw Arbeitnehmern dienen

oder

ius dispositivum „nachgiebiges Recht" (Wortstamm: **dispono** 3, -posui, -positus: anordnen, aufstellen, festsetzen), „nachgiebig" ist das Recht deswegen, weil man es durch eigene Festsetzungen abändern kann: rechtliche Regelungen, die nur dann gelten, wenn durch private Abreden nichts Abweichendes vereinbart ist (Beispiel: die Gewährleistungsregeln beim Kauf können durch Parteienvereinbarung weitgehend abgeändert werden).

ius publicum ist hingegen immer **ius cogens**. Dies besagt der Satz

ius publicum pactis privatorum mutari non potest
Das öffentliche Recht kann durch Vereinbarungen von Privatpersonen nicht abgeändert werden (**muto** 1: verändern, ändern; **pactum**, -i n., hier: Vereinbarung, Vertrag; **possum**, posse: können).

iustitia (-ae f.) die Gerechtigkeit als „Rechtsidee", die der Rechtsordnung als Grundprinzip innewohnen soll. Eine Definition ist schwierig, vgl etwa den römischen Juristen **Ulpian** (Digesten 1, 1, 10):

iustitia est constans et perpetua voluntas ius suum cuique tribuendi
Gerechtigkeit ist der beständige und immerwährende Wille, jedem sein Recht zukommen zu lassen (**constans**, -antis: beständig, dauernd; **voluntas**, -atis f.: Wille; **cuique**: Dativ von **quisque**, quidque: jeder; **tribuo** 3, -ui, -utus: zuteilen, verteilen).
Auf Aristoteles geht folgende Gegenüberstellung zurück:

iustitia distributiva
„austeilende" Gerechtigkeit (**distribuo** 3, -bui, -butus: teilen, austeilen)

iustitia commutativa,
„ausgleichende" Gerechtigkeit (**commuto** 1: abändern, austauschen, umwandeln)

Das zugehörige Eigenschaftswort ist

iustus 3 gerecht, rechtmäßig

iniustus 3 ungerecht, widerrechtlich

Von **iustitia** leitet sich unser Wort

Justiz ab: der staatliche Behördenapparat, der zur Rechtsprechung berufen ist (Gerichtsbarkeit, Rechtspflege, Rechtswesen)

aequitas (-atis f.) bezeichnet ebenfalls die Gerechtigkeit, Billigkeit (von billigen = gutheißen) als Maßstab für das Recht; auch: Gleichheit vor dem Gesetz (vgl die Celsus-Definition von „ius", o S 20).

ius aequum das „billige" Recht, das sich an den Grundsätzen der Billigkeit oder dem Grundsatz von Treu und Glauben orientiert (**aequus** 3: billig, gerecht, gleich); im Gegensatz zum

ius strictum das strenge, an den Buchstaben des Gesetzes orientierte Recht (**strictus** 3: genau, streng). Die Ausübung eines Rechts, das nach den Buchstaben des Gesetzes zusteht, kann dem Grundsatz der Billigkeit widersprechen.

Vgl in diesem Zusammenhang den oft zitierten Ausspruch

summum ius, summa iniuria
Höchstes Recht, größtes Unrecht; auf die Spitze getriebenes Recht kann schwerstes Unrecht sein (**summus** 3: der höchste, größte).

iurisdictio Rechtsprechung, -weisung; Gerichtsbarkeit (**dico** 3, dixi, dictus: sprechen, sagen; anzeigen, weisen; **ius dicere**: Recht sprechen, **dictio**, -onis f.: das Sprechen). Als Jurisdiktion wird noch heute die Tätigkeit der Gerichte („die Rechtsprechung", Gerichtsbarkeit, Rechtswesen) bezeichnet.

iuris prudentes „die Rechtskundigen", „die Rechtsgelehrten" (**prudens**, -entis: kundig, erfahren)

Jurisprudenz Rechtswissenschaft, Rechtskunde (**prudentia**, -ae f.: Kenntnis, Wissenschaft)

Kautelarjurisprudenz
juristische Tätigkeit, die der vorsorglichen Vermeidung von Prozessen dient (**cautela**, -ae f.: Behutsamkeit, Vorsicht, Schutz; **caveo** 2,

cavi, cautus: vorsorgen, sich vorsehen), auch: Entwerfen von Vertragsformularen

iuris consulti die Rechtsgelehrten (**consultus** 3: erfahren; **consulo** 3, -sului, -sultus: um Rat fragen, beraten, Rat erteilen)

oder

iuris periti die Rechtskundigen (**peritus** 3: erfahren, kundig). Vornehmste Tätigkeit der römischen Juristen war es, unentgeltlich Rechtsgutachten, sog

responsa zu erstellen (auch **responsa prudentium**; von: **respondeo** 2, -sponsi, -sponsus: antworten; **responsum**, -i n.: Antwort, Stellungnahme). Kaiser Augustus verlieh erstmals angesehenen Juristen das

ius respondendi ex auctoritate principis
das Recht, Responsen (= Rechtsgutachten) in seinem (= des Kaisers [**princeps**]) Namen zu erteilen (**auctoritas**, -atis f.: Ansehen, Macht, Ermächtigung, Genehmigung, Gewähr)

Heute:

Jurist jemand, der ein rechtswissenschaftliches Studium durchlaufen hat

juristisch zum Recht gehörig, rechtlich (in Österreich auch: juridisch, zB juridische Fakultät)

Im römischen Recht unterscheidet man nach dem Geltungsbereich bzw nach der Herkunft der Rechtssätze **ius civile, ius honorarium, ius gentium**:

ius civile Zivilrecht; das für römische Bürger geltende Recht, „alte" Bürgerordnung bzw auf dem vorgesehenen Weg der Gesetzgebung entstandenes Recht (**civilis**, -e: bürgerlich; deshalb heute: bürgerliches Recht, Zivilrecht). Manchmal auch

ius Quiritium (von **Quiris**, -itis m.: römischer Bürger)

Der vorgesehene Weg der Gesetzgebung war die relativ umständliche Abstimmung in der Volksversammlung, den Komitien (**comitia**, -orum n.). Die Entwicklung des Privatrechts überließen die Römer jedoch großteils den zuständigen Magistraten, vor allem dem

praetor dem Gerichtsmagistrat, der aufgrund seiner Stellung im Zivilprozeß (vor ihm begann jeder Prozeß) und seinem **ius edicendi** (Recht, ein

Edikt zu veröffentlichen) neue Ansprüche anerkennen und so das Privatrecht weiterbilden konnte. Das so entstandene Recht nannte man

ius honorarium „Amtsrecht“, auch: **ius praetorium** (s S 186; **honorarius** 3: auf der Amtsgewalt eines römischen Magistrats beruhend; vgl **honor**, -oris m.: Ehre, Würde, Ehrenamt).

Im Geltungsbereich unterscheidet sich das römische **ius civile** vom

ius gentium das für alle Menschen geltende, bei allen Völkern angewendete Recht; im römischen Recht auch das zwischen Römern und Nichtrömern geltende Recht (**gens**, gentis f.: Sippe, Geschlecht, Volk, Volksstamm)

Im Mittelalter spricht man vom

ius utrumque „beiderlei Recht“ (gemeint ist römisches und kanonisches Recht; **uterque**, utraque, utrumque: jeder von beiden, beide), der Rechtsgelehrte heißt danach auch

doctor iuris utriusque
Doktor beiden Rechts (**utriusque**: Genetiv von **utrumque**)

Recht setzt sich zusammen aus Normen, also Einzelregeln, die zwischenmenschliches Verhalten regeln und die den Menschen bei sonstigen Zwangsfolgen ein bestimmtes Verhalten zur Pflicht machen:

norma (-ae f.) Vorschrift, Norm (auch Maß, Größe, Regel). Der Begriff erfaßt nicht nur Rechtsnormen; auch Vorschriften der Moral sind Normen. Norminhalt sind etwa Gebote, Verbote, Ermächtigungen, Erlaubnisse.

Aus dem heutigen Sprachgebrauch:

Normadressat derjenige, an den sich die Vorschrift richtet (zB gesamtes Staatsvolk)

Normenkontrolle Überprüfung der Rechtssätze, ob sie mit höherrangigen Normen zu vereinbaren sind; zB: Prüfung eines Gesetzes, ob es mit einem Satz des Verfassungsrechts kollidiert.

Normsetzung Aufstellung einer Vorschrift, Gesetzgebung

normieren Tätigkeit der Normsetzung

I. Abschnitt

normativ als Norm geltend, maßgebend

Norm ist der Oberbegriff für alle Vorschriften, Regeln und Bestimmungen. Zu den wichtigsten Arten von Normen gehören die **leges**.

lex, legis f. a) Gesetz = für die Staatsbürger allgemein verbindliche Rechtsvorschrift, die auf dem von der Verfassung vorgegebenen Weg der Normenerzeugung (Gesetzgebung) entstanden ist
b) weiterer Sinn: Rechtsvorschrift ohne Rücksicht auf die Entstehungsquelle
c) Vertrag oder auch die einem Vertrag beigesetzte Nebenabrede:

lex dicta (**dico** 3, dixi, dictus: sprechen, sagen, festsetzen; auch: **lex contractus** [vgl S 49], **lex privata**).

Nach der Sanktion (**sanctio**, -onis f.: Rechtsfolge, Sanktion, Strafanordnung), die im Gesetz vorgesehen ist, unterscheidet man

lex perfecta „vollkommenes" Gesetz (**perfectus** von **perficio** 3, -feci, -fectus: vollenden, zustandebringen, ausführen). Ein Verstoß gegen dieses Gesetz hat die Nichtigkeit der angestrebten rechtlichen Wirkung zur Folge.
Beispiel: Ein Gesetz kann den Abschluß bestimmter Rechtsgeschäfte verbieten. Wird ein derartiges Rechtsgeschäft dennoch abgeschlossen, hat es keine rechtliche Wirkung.

lex imperfecta „unvollkommenes“ Gesetz: ein Gesetz (eine Norm), dessen Nichtbefolgung keine (direkte) Sanktion wie Nichtigkeit oder Strafe nach sich zieht (**imperfectus** 3: unvollendet, unvollständig, unvollkommen)

lex minus quam perfecta
„weniger als vollkommenes Gesetz“ (**minus**: weniger [Komparativ des Adverbs zu **parvus** 3: klein]; **quam**: als). Der Verstoß gegen die Norm hat nicht Nichtigkeit des betroffenen Rechtsaktes, aber eine andere Sanktion zur Folge (zB Strafe).

lex plus quam perfecta
„mehr als vollkommenes Gesetz“ (**plus**: mehr [Komparativ des Adverbs zu **multum**: viel]). Rechtsfolge der Normverletzung: Nichtigkeit der angestrebten Rechtswirkung + Strafe (etwa bei wucherisch abgeschlossenen Rechtsgeschäften).

lex wird oft auch im Sinne von Recht verwendet, so etwa

Lex Baiuvariorum Volksrecht der Bajuwaren

lex municipalis Stadtrecht (**municipalis**, -e: [land]städtisch)

Besonders häufig findet sich dieser Gebrauch bei den Begriffen aus dem Internationalen Privatrecht (s S 44):

lex loci contractus Recht des Vertragsabschlußortes (**locus**, -i m.: Ort; **contractus**, -us m.: der Vertrag, s S 49)

lex loci delicti commissi
Recht, das am Begehungsort der rechtswidrigen Handlung gilt (**delictum**, -i n.: das Delikt; **committo** 3, -misi, -missus: begehen, verüben)

lex loci solutionis Recht des Erfüllungsortes (**solutio**, -onis f.: Auflösung; Schulderfüllung; Bezahlung)

lex loci actus Recht des Ortes einer Rechtshandlung (va im Hinblick auf die Formvorschriften)

lex patriae Heimatrecht; das Recht, das sich nach der Staatsbürgerschaft richtet (**patria**,- ae f.: Heimatland)

lex originis Recht der Herkunft (**origo**, -inis f.: Ursprung, Abstammung)

lex domicilii Recht des Wohnortes (**domicilium**, -i n.: Wohnsitz)

lex rei sitae Recht der „gelegenen Sache“ (**res**, rei f.: Sache; **situs** 3: gelegen, liegend) = am Lageort einer Sache geltendes Recht

lex fori Recht des Gerichtsortes (**forum**, -i n.: der Gerichtshof)

lex mercatoria Bezeichnung der für die Praxis des internationalen Warenverkehrs besonders bedeutsamen Praktiken, um die man unter dem Postulat der Rechtsvereinheitlichung verstärkt bemüht ist, deren Rechtscharakter aber umstritten ist: „Recht des Warenverkehrs“ (**mercatoria**: Handel-, von **mercatus**, -us m.: der Handel, Markt).

In diesem Sinne zu verstehen ist auch die Bezeichnung
CELEX **Communitatis Europeae Lex**: die amtliche gemeinschaftsrechtliche Datenbank der Europäischen Gemeinschaft (**communitas**, -atis f.: Gemeinschaft)

I. Abschnitt

Weitere Begriffe und Begriffszusammensetzungen rund um **lex**:

lex scripta geschriebenes Gesetz im Gegensatz zum ungeschriebenen Recht (Gewohnheitsrecht)

legem ferre ein Gesetz in Vorschlag, Antrag bringen, oder überhaupt ein Gesetz machen, geben, erlassen (**fero**, fers, ferre, tuli, latus: tragen, bringen, vorschlagen, beantragen, erlassen)

lex lata schon erlassenes Gesetz (**lata**: PPP von **ferre**)

lex ferenda erst zu erlassendes Gesetz (**ferenda**: Gerundiv von **ferre**)

Man spricht danach von einer Betrachtungsweise

de lege lata wörtlich: von einem erlassenen Gesetz aus. Aufgrund der geltenden Gesetzeslage ist ein Sachverhalt in einer bestimmten, durch das Gesetz vorgezeichneten Weise zu beurteilen (**de**: Präp. + Abl.: von … her, von … aus).
Die Betrachtungsweise **de lege lata** ist Aufgabe der

Rechtsdogmatik Teil der Rechtswissenschaft, der sich mit dem geltenden, dem vorgegebenen Recht befaßt (**dogma**, -atis n.: Lehrsatz, festgelegte Meinung [griechisches Lehnwort])

Vom Standpunkt des Betrachters aus erscheint vielleicht eine andere Regelung zweckmäßiger; dies ist die Betrachtungsweise

de lege ferenda von einem zu erlassenden Gesetz aus (Forderung an den Gesetzgeber über die künftige inhaltliche Gestaltung eines Gesetzes, rechtspolitische Betrachtungsweise)

lex fugitiva das „entlaufene" Gesetz = Rechtssatz, der im falschen Sachzusammenhang steht (**fugitivus** 3: flüchtig, entflohen)

ratio legis Sinn und Zweck, Absicht des Gesetzes/des Gesetzgebers (**ratio**, -onis f.: Grund, Beweggrund, Überlegung, Grundgedanke, Folgerichtigkeit, Konsequenz, „Rationalität", Vernunftmäßigkeit). Vgl auch

intentio (-onis f.) legis
Entschluß, Vorhaben, Absicht des Gesetzes („Intention")

fraus legi facta „der am Gesetz begangene Betrug“, die Gesetzesumgehung, Vereitelung des Sinnes einer Rechtsvorschrift durch Umgehung (**fraus**, fraudis f.: betrügerischer, rechtswidriger Vorsatz, Betrug, Arglist; **facta**: PPP von **facio** 3, feci, factus: tun, machen, handeln). Vgl auch Defraudant: Betrüger, Hinterzieher. Ebenso

in fraudem legis agere
in Umgehung des Gesetzes handeln (**ago** 3, egi, actus: tun, machen, handeln)

Auch in unserer Rechtssprache sind noch zahlreiche Ableitungen des lateinischen Begriffes **lex** (vielfach in Verbindung mit Ableitungen von **ferre**) vorhanden:

Legislative gesetzgebende Körperschaft, Gesetzgebung

legislativ gesetzgebend

Legislaturperiode Zeit, für die die gesetzgebende Körperschaft gewählt ist (**laturus** 3: Futur aktiv von ferre)

Legislator Gesetzgeber

legal dem Gesetz entsprechend, gesetzlich (**legalis**, -e: gesetzmäßig)

illegal ungesetzlich

Legaldefinition Erläuterung eines Rechtsbegriffs durch das Gesetz selbst (s u bei **interpretatio**)

Legalität Gesetzmäßigkeit, besonders die formelle Rechtmäßigkeit des staatlichen Handelns, die Übereinstimmung mit den Vorgaben der Rechtsordnung

Legalitätsgrundsatz
„Gesetzmäßigkeitsgrundsatz“, Grundsatz der Bindung von Verwaltung und Rechtsprechung an die Gesetze (s auch S 145)

legitim gesetzmäßig, den Vorschriften der Gesetze entsprechend, gesetzlich anerkannt oder: sich auf die Gesetze, das Recht beziehend (**legitimus** 3: im Familienrecht: ehelich). Gegenteil:

illegitim ungesetzlich (auch: unehelich)

I. Abschnitt

Legitimität im Staatsrecht die Grundlage, die Rechtfertigung des Staates, seiner Herrschaftsgewalt und seiner Handlungen durch die Gesetze

Legitimation Beglaubigung, rechtliche Anerkennung; im Familienrecht: Ehelichkeitserklärung (s S 64)

Legisvakanz Zeit zwischen Kundmachung und Beginn der Geltung eines Gesetzes (**vacatio**, -onis f.: Vakanz, das Befreitsein; erledigte, unbesetzte Stelle; **vaco** 1: frei sein, unbesetzt sein)

Geltungsvoraussetzung für ein Gesetz ist seine

Publikation Veröffentlichung, Bekanntmachung (**publico** 1: veröffentlichen, bekanntmachen, kundmachen, kundtun, verlautbaren; **publicatio**, -onis f.: Bekanntmachung; **publicus** 3: öffentlich)

Vgl auch

Promulgation Verbreitung, Bekanntgabe, Bekanntmachung (**promulgatio**, -onis f.; **promulgo** 1: öffentlich anschlagen lassen)

Andere Normen verschiedenen Ursprungs im Bereich des römischen Rechts sind:

senatus consultum Senatsbeschluß (**senatus**, -us m.: Rat der Alten, Staatsrat, Rat; **consultum**, -i n.: Beschluß, Gutachten; **consulo** 3, -sului, -sultus: um Rat fragen). Vgl heute: konsultieren: um Rat fragen; der Senat: Gremium mit Entscheidungsbefugnis (zB akademischer Senat an der Uni; bei Gericht: Richterkollegium, zB: „verstärkter Senat")

constitutio (-onis f.)

Festsetzung, Bestimmung, Verordnung, Gesetz; auch: Verfassung (dazu S 33)

constitutio principis

kaiserliche Verordnung, Kaiserkonstitution (**princeps**, -ipis m.: eigentlich der Erste, hier: Kaiser)

plebiscitum (-i n.) Beschluß der römischen **concilia plebis**, der Versammlung der Plebejer (**plebs**, -bis f.: Bürgerstand, Plebs, Pöbel, die nicht zu den Patriziern – dem alten Geburtsadel – gehörige Bürgerschaft Roms; **plebeius** 3: bürgerlich, plebejisch, nicht adelig; Subst.: Bürger, Plebejer; **scitum**, -i n.: Beschluß, Ausspruch, Verordnung)
Plebiszit heute: Volksentscheid

edictum (-i n.) Erlaß, Bekanntmachung, Verordnung (**edico** 3, -dixi, -dictus: nennen, verordnen, angeben, bekanntmachen); im römischen Recht va: Kundmachung der Verfahrensgrundsätze und Rechtsschutzverheißungen durch die Rechtspflegeorgane (Prätoren) zu Beginn ihres Amtsjahres; später auch: kaiserlicher Erlaß

edictum perpetuum
immerwährendes Edikt (unter Kaiser Hadrian redigiert; **perpetuus** 3: ewig, fortlaufend, beständig)

Der allgemeine Begriff für „Staat" ist

res publica a) der Staat, das Gemeinwesen (vgl heute „Republik"; **res publica** sagt aber noch nichts über Staats- oder Regierungsform aus; **res**, rei f.: Sache, Angelegenheit, Vermögen, Interesse, Wesen, Verhältnisse; **publicus** 3: öffentlich)
b) das Staatsvermögen (wörtlich: das öffentliche Vermögen)
c) auch: Staatsangelegenheit (öffentliche Angelegenheit)

aerarium (-i n.) ist dagegen die Staatskasse, das Staatsvermögen; Fremdwort: Ärar (vgl **aes**, aeris n.: Kupfer, Geld, Vermögen)

fiscus (-i m.) Korb, Geldkorb, Kasse; **fiscus** war ursprünglich das Sondervermögen des Kaisers, das an die Funktion gebunden war; später wird ebenfalls das Staatsvermögen darunter verstanden. Der Ausdruck „der Fiskus" wird heute sowohl für die Staatskasse wie auch für den Staat als Steuerbehörde bzw Verwalter des Staatsvermögens gebraucht. Davon auch

Konfiskation Beschlagnahme, Einziehung, Enteignung (**confisco** 1: in der Kasse aufheben)

constitutio (-onis f.)
die Verfassung eines Gemeinwesens; diejenigen Normen, die die Organisation und die wichtigsten Institutionen des Staates regeln. Die Verfassung ist die rechtliche Grundlage der gesamten Staatstätigkeit (**constituo** 3, -stitui, -stitutus: zusammenstellen, beschließen, festsetzen, einrichten, bestimmen). Heute: die Konstitution; zugehöriges Adjektiv: konstitutionell (zB: konstitutionelle Monarchie: Monarchie, bei der auf Grundlage einer Verfassung die Staatsgewalt des Monarchen beschränkt wird, da bestimmte Rechte anderen Staatsorganen [zB dem Parlament] zukommen).

I. Abschnitt

Pluralismus Auffassung von der erlaubten Mehrheit von Interessengruppen im Staat (**pluralis**, -e: vielfach)

Liberalismus Auffassung in der Staats- und Gesellschaftslehre, welche die größtmögliche Freiheit des Einzelnen im Staat anstrebt. Der Staat soll auf eine Schutzfunktion beschränkt sein und nur aufgrund genau definierter Rechtsgrundlagen in die Rechte des Einzelnen eingreifen können (Rechtsstaat; **liber**, libera liberum: frei, unbeschränkt).

publicus (öffentlich, auf den Staat bezüglich) ist abgeleitet von

populus (-i m.) das Volk, das Staatsvolk, übertragen auch der Staat (vgl die römische Bezeichnung **SPQR = Senatus Populusque Romanus**: Senat und Volk von Rom)

civitas (-atis f.) a) die Bürgerschaft (vgl **civis**, -is m./f.: Bürger; **civilis**, -e: bürgerlich, zivil); davon heute: Zivilrecht (bürgerliches Recht oder Privatrecht), Zivilprozeß (Verfahren des Privatrechts)
b) das Bürgerrecht
c) übertragen: der Staat, auch Stadt, Gemeinde. Für letzteres ebenfalls

municipium (-i n.) vgl heute: Munizipalbehörde (Gemeindebehörde)

Die Stellung des Staatsbürgers zum Staat wird als **status** bezeichnet. Man unterscheidet

status activus Aktivstatus (**status**, -us m.: Stand, Stellung, Verhältnis; aktiv: tätig, von **agere**: handeln, tun): Recht auf Teilnahme an der staatlichen Willensbildung (zB aktives und passives Wahlrecht)

status passivus Passivstatus: staatsbürgerliche Pflichten betreffend (passiv: duldend, leidend, von **patior** 3, passus sum: erleiden, erdulden)

status positivus Positivstatus: Recht auf staatliche Leistungen bei Vorliegen der geforderten Voraussetzungen (**positiv**: mlat.: gesetzt, gesatzt, gegeben)

status negativus Negativstatus: Freiheitsrechte gegenüber dem Staat

Die Staatsbürgerschaft kann sich durch verschiedene Anknüpfungspunkte ergeben:

ius sanguinis Recht der Abstammung (**sanguis**, -inis m.: Blut, Blutsverwandtschaft): Beurteilung der Staatszugehörigkeit nach jener der Eltern

ius soli	„Recht des Bodens“ (**solum**, -i n.: Boden, Staatsgebiet): Beurteilung der Staatsbürgerschaft nach dem Geburtsort. Vgl auch
territorium (-i n.)	Staatsgebiet, räumlicher Geltungsbereich der Staatsgewalt (s S 44)

Im Rechtsstaat bestimmt die Konstitution das

imperium (-i n.)	die Staatsgewalt, Hoheitsgewalt, Regierungsgewalt (auch: Reich, Befehl, Amtsdauer, Herrschaftsgebiet)
	Diese hat drei Funktionen:
Legislative	Gesetzgebung (s S 31)
Jurisdiktion	Rechtsprechung (s S 25)
Administration	Verwaltung (**administratio**, -onis f.: Verwaltung, amtliche Verrichtung)
	Rechtsprechung und Verwaltung bilden zusammen die
Exekutive	Vollziehung (von **exsequor** 3, -secutus sum: ausführen, vollziehen); umgangssprachlich: die Polizei

Die Legislative obliegt dem Parlament (= Volksvertretung); sie basiert auf dem Grundsatz der

Repräsentation	Vertretung des Staatsvolkes durch gewählte Vertreter (**repraesento** 1: vergegenwärtigen). Diese heißen
Mandatare	Abgeordnete, Beauftragte (**mandatum**, -i n.: Auftrag; **mando** 1: beauftragen). Die Vollversammlung der Mandatare heißt
Plenum	(**plenus** 3: vollkommen, vollständig). Die Stimmabgabe in der Versammlung heißt
Votum	(auch: Gutachten, Urteil; eigentlich: Gelöbnis, Wunsch; **votum separatum**: abweichende Stellungnahme eines Überstimmten).
	Bei der Erfüllung ihrer Aufgaben genießen die Mandatare
Immunität	Schutz vor Strafverfolgung (**immunis**, -e: frei, befreit)

Quorum wörtlich: „von denen" (Genetiv Pl. von **qui**, **quod**: welcher, -es; der, das): Mindestanzahl der Stimmberechtigten, die anwesend sein müssen, damit Beschlußfähigkeit gegeben ist

Inkompatibilität Unvereinbarkeit, besonders diejenige zwischen dem Amt eines politischen Mandatars und einer nichtamtlichen Stellung (**patibilis**, -e: erträglich; **in** + **cum** + **patibilis** = „nicht zusammen erträglich")

Referendum Volksentscheid (wörtlich: das zu Berichtende; Gerundiv von **refero**, referre, rettuli, relatus: berichten, mitteilen, wiedergeben); auch: Volksbegehren (Gesetzesantrag)

Träger der Exekutive ist der

magistratus (-us m.),

einerseits die Behörde, die Obrigkeit, aber auch der einzelne Beamte. Heute versteht man unter „Magistrat" besonders die Stadtverwaltungsbehörde.

magistratus cum imperio

die mit Hoheitsgewalt (**imperium**, s S 35; **cum**: Präp. + Abl.: mit) ausgestattete Behörde. Ihr gegenüber besteht ein

Subordinationsverhältnis

Unterordnungs-, Gehorsamsverhältnis des Staatsbürgers (**sub**: unter; **ordino** 1: reihen, ordnen)

officium (-i n.) ist die Pflichterfüllung, die Dienstausübung des Magistrats; Amtspflicht, Amtsgewalt, Amt

Offizialmaxime bedeutet, daß die Behörde bestimmte Tätigkeiten von sich aus, „von Amts wegen", „**ex officio**" oder „**ex offo**", also ohne Antrag einer beteiligten Person durchführen muß (etwa die Verfolgung gerichtlich strafbarer Handlungen)

Dagegen wird der Zivilrichter regelmäßig nur auf Parteienantrag tätig, sog

Dispositionsmaxime

Grundsatz des Parteienbetriebes (**dispono** 3, -posui, -positus: anordnen, bestimmen). Vgl: disponieren (s auch: **ius dispositivum** S 24)

Die öffentlichen Körperschaften und Behörden bedürfen für die Erledigung ihrer Aufgaben der

Kompetenz

Zuständigkeit zur Durchführung staatlicher Aufgaben (von **competo** 3, -petivi, -petitus: zusammenfallen, treffen, auch: kräftig sein, jemandem zustehen, zukommen); vgl auch „kompetent“ sein.
Die Verteilung der Kompetenzen erfolgt grundsätzlich durch den Bund in Form von Verfassungsgesetzen; der Verfassungsgesetzgeber hat somit die

Kompetenz-Kompetenz

Zuständigkeit zur Verteilung der Zuständigkeiten (zB: Schulwesen ist Bundessache, der Bund ist zur Gesetzgebung kompetent; Baurecht ist Landessache).

Das nach der Zuständigkeitsregel zuständige Organ kann aber auch die Ermächtigung zur

Delegation

haben, also Zuweisungs-, Übertragungsbefugnis (**delego** 1: zuweisen, übertragen, zuschieben, anvertrauen, hinschicken), dh es kann die Zuständigkeit auf ein anderes Organ übertragen.

Delegation kann aber auch bedeuten
- Gruppe von Bevollmächtigten (Gesandten)
- Anweisung (im Obligationenrecht)

Eine weitere Möglichkeit der Zuständigkeitsverschiebung ist die

Devolution

Zuständigkeitsänderung kraft Gesetzes (**devolvo** 3, -volvi, -volutus: herabstürzen, überwälzen, übergehen).
Beispiel: Bei Untätigkeit einer Behörde tritt durch einen Devolutionsantrag die Zuständigkeit einer anderen (übergeordneten) Behörde ein.

Suspendierung (Suspension)

vorläufige Enthebung eines Beamten vom Dienst im Disziplinarverfahren (**suspendo** 3, -pendi, -pensus: zum Schweben bringen, schweben lassen; **suspensus** 3: ungewiß, unentschieden). Bei Bedenken gegen die Rechtmäßigkeit einer Weisung trifft den Beamten die

Remonstrationspflicht

dh er muß seinem Vorgesetzten diese Bedenken mitteilen, der im gegebenen Fall die Weisung schriftlich abfassen muß. Der Beamte ist damit disziplinar- und haftungsrechtlich abgesichert (Remonstration: „Gegenvorstellung“; **re-**, **red**: wieder, gegen; **monstro** 1: zeigen, weisen, verordnen, anweisen, hinweisen, anzeigen angeben; **monstratio**, -onis f.: das Wegweisen).

I. Abschnitt

Staatsoberhaupt ist heute der

Präsident „der Vorsitzende“ (**praesidens**, -entis: Part. Präs. von **praesideo** 2, -sedi: vorsitzen, leiten, schützen)

Die Regierung besteht aus:

Kanzler (**cancellarius**, -i m.: Sekretär, Kanzleibeamter) und

Minister (**minister**, -tri m.: Diener, Gehilfe), der einem

Ministerium, einer obersten Bundesbehörde, vorsteht.

Opposition Gegensatz, Gegenseite (**oppositio**, -onis f.: das Entgegengesetzte, Widersprechen; **oppono** 3, -posui, -positus: entgegensetzen, gegenüberstellen): die nicht an der Regierung beteiligten politischen Kräfte im Staat

Koalition Zusammenschluß zweier oder mehrerer Parteien (**coalesco** 3, -alui, -alitus: sich vereinigen, verschmelzen)

Einzelne wirtschaftlich nutzbare staatliche Hoheitsrechte bezeichnete man früher als

iura regalia Regalien, zB Bergregal, Fischregal (**regalis**, -e: dem König [**rex,** regis] zukommend, königlich, fürstlich)

privilegium (-i n.) Sonderrecht, das dem einzelnen im Gegensatz zur Allgemeinheit verliehene Vorrecht (von **privus** 3: einzeln, eigentümlich und **lex**). Vgl auch

ius singulare Sonderrecht (**singularis**, -e: einzeln)

Zur Rechtsanwendung:

Der Rechtsanwender (etwa der Richter) hat zu entscheiden, ob eine Norm auf einen bestimmten Fall (Sachverhalt) anwendbar ist. Seine Tätigkeit in diesem Zusammenhang ist die der

Subsumtion (subsumptio, -onis f.)
Einordnung, Unterordnung: die Prüfung, ob ein konkreter Sachverhalt die Merkmale eines gesetzlichen Tatbestandes erfüllt (**sub:** unter; **sumo** 3, sumpsi, sumptus: [in Gebrauch] nehmen, [in der Rede] anführen)

Beispiel: TB: § 102 StGB: Erpresserische Entführung: Wer einen anderen ohne dessen Einwilligung mit Gewalt ... entführt ..., um einen Dritten zu einer Handlung, Duldung oder Unterlassung zu nötigen, ist mit ... zu bestrafen.
SV: A hat B mit vorgehaltener Waffe gezwungen, mit ihm in ein abgelegenes Bauernhaus zu fahren, und verlangt von der Frau des B Lösegeld.

Der Richter hat den Sachverhalt mit dem gesetzlichen Tatbestand zu vergleichen und zu prüfen, ob eine Entsprechung vorhanden ist. Diese Tätigkeit nennt man auch heute noch **subsumieren**.

Um aber Gesetze (oder andere Normen) anwenden zu können, bedarf es zuerst ihrer Auslegung, der

interpretatio (-onis f.)
Auslegung, Erklärung, Sinnermittlung eines Rechtssatzes (**interpretor** 1: auslegen; **interpres**, -pretis m./f.: Ausleger, Interpret)

Es gibt verschiedene Methoden der Interpretation, zB:

Wortinterpretation
Erforschung des Wortsinnes

grammatische und **systematisch-logische I.**
Auslegung aus dem Zusammenhang, in dem der Begriff verwendet wurde

historische I. hier wird bei der Ermittlung des Bedeutungsgehalts die Entstehungsgeschichte des Rechtssatzes berücksichtigt

teleologische I. nach Grundgedanken, Sinn und Zweck der Norm (**telos**: griechisch: Ziel, Zweck, also nach der **ratio** [**intentio**] **legis**, s bei lex)

Die Interpretation kann extensiv oder restriktiv sein:

extensive I. ausdehnende Auslegung, weite Auslegung (**extendo** 3, -tendi, -tensus und -tentus: ausdehnen, vergrößern, erweitern)
Ein vom Gesetzgeber verwendetes Wort wird im gesamten Bereich des möglichen Wortsinns verstanden und ausgelegt.

restriktive I. einschränkende, enge Auslegung (**restringo** 3, -strinxi, -strictus: hemmen, einschränken, zurückhalten)

Ein Wort wird „eng“ ausgelegt: die Interpretation bewegt sich im Bereich des Begriffskerns.

Nach der Person des Interpreten unterscheidet man

doktrinelle I. Auslegung durch die Rechtslehre (**doctrina**, -ae f.: Wissenschaft, Lehre, Gelehrsamkeit)

forensische I. Auslegung durch den Rechtsanwender (**forum**, -i n.: Gerichtshof)

authentische I. Auslegung durch den Verfasser der Norm selbst (durch neuerlichen Gesetzgebungsakt; aus dem Griechischen). Vgl auch

Legaldefinition (s lex)
Erläuterung eines Gesetzesbegriffes durch das Gesetz selbst; zB: der Begriff „gefährliche Drohung“ in § 107 StGB ist in § 74 Z 5 StGB definiert.

Durch die Interpretation einer Norm wird festgestellt, ob sie auf einen bestimmten Sachverhalt anzuwenden ist. Der Spielraum der Interpretation ist begrenzt durch den weitestmöglichen Wortsinn. Ist der Wortsinn verlassen, so ist eine Norm nicht mehr direkt, sondern nur im Wege der Analogie anwendbar:

Analogie, analoge Anwendung
Anwendung eines Rechtssatzes auf einen Sachverhalt, der dem Wortlaut des Gesetzes nach nicht geregelt ist (und auf den das Gesetz auch bei Anwendung extensiver Interpretation nicht anwendbar gemacht werden kann, also bei Vorhandensein einer Lücke), der aber dem geregelten Sachverhalt so ähnlich ist, daß die Wertung des Gesetzes (**ratio iuris**) auch ihn betrifft. Man spricht heute von der Anwendung eines Rechtssatzes

per analogiam (**analogia**, -ae f.: Gleichmäßigkeit [griechisches Lehnwort]; **per**: Präp. + Akk.: durch, mittels) sinngemäße, entsprechende Anwendung

Zum Bereich der Analogie gehören auch die sog Größenschlüsse:

argumentum a minori ad maius
Schlußfolgerung vom Kleineren zum Größeren (**argumentum**, -i n.: Beweisgrund, Beweismittel, Merkmal, hier: Schlußfolgerung, Argument; **minor**: kleiner, weniger, minder [Komparativ von **parvus**: klein]; **maior**: größer [Komparativ von **magnus**: groß]; **ab**, **a**: Präp. + Abl.: von … her; **ad**: Präp. + Akk.: zu, an, bei).

Ein Sachverhalt ist in der Norm nicht erwähnt, nach deren **ratio** fällt er aber auch darunter. Beispiel: Ist schon fahrlässige Begehung einer Tat strafbar, dann gewiß auch vorsätzliche, oder: ist schon das Betreten einer Wiese verboten, dann auch sicher erst recht das Befahren, auch wenn hier keine ausdrückliche Regelung vorliegt.

Umgekehrt wirkt das

argumentum a maiori ad minus

Schlußfolgerung vom Größeren zum Kleineren: Darf man über eine Wiese fahren, so wird man sie auch betreten dürfen, oder: Zu einer rechtlichen Handlung, zu der ein Minderjähriger nicht fähig ist, ist umso weniger ein Kind fähig (auch wenn das Kind in der Norm nicht erwähnt ist).

argumentum e contrario

Folgerung aus dem Gegenteil, Umkehrschluß (**contrarium**, -i n.: Gegenteil, Gegensatz; **contrarius** 3: gegenüberliegend, entgegengesetzt, gegensätzlich; **e, ex**: Präp. + Abl.: aus). Ein Umkehrschluß liegt vor, wenn offensichtlich ist, daß eine Nichtregelung dem Plan des Gesetzes entspricht: Die Rechtsfolge B soll dann – und nur dann – eintreten, wenn der Tatbestand A gegeben ist. Beispiel: Die Ehegatten sind gegenseitig unterhaltspflichtig, für Lebensgefährten (die nicht erwähnt sind), gilt das nicht (Zweck: besonderer Schutz des Instituts Ehe). Ähnlich:

argumentum e silentio

Schluß aus dem Stillschweigen (**silentium**, -i n.: das Schweigen, Stillschweigen; **e**, **ex**: Präp. + Abl.: aus). Schluß aus der Tatsache, daß ein bestimmter Sachverhalt vom Gesetzgeber in den Tatbestand einer Norm nicht einbezogen wurde, darauf, daß die Norm auf diesen Sachverhalt nicht anwendbar ist.

teleologische Reduktion

„Verminderung" (**reductio**, -onis f.: Zurückführung) des Anwendungsbereichs eines Rechtssatzes aus dem Zweck (**telos**: griechisch Ziel, Zweck) des Gesetzes heraus, wenn der Satz zu weit gefaßt ist (Gegenstück zur Analogie)

Konkurrenz (**concurro** 3, -curri, -cursum: zusammentreffen, -fallen) von Rechtssätzen (sog Rechtsfolgenkonkurrenz) liegt vor, wenn ein Sachverhalt unter mehrere Normen subsumierbar ist. Man unterscheidet hier

alternative K. „Auswahlkonkurrenz“ (**alterno** 1: abwechseln lassen) = Wahlmöglichkeit des Berechtigten zwischen den Rechtsfolgen

kumulative K. „Anspruchshäufung“ (**cumulo** 1: anhäufen) = die Rechtsfolgen der angesprochenen Normen treten nebeneinander ein

Konsumtion „Aufgehen“ eines Tatbestandes in einem anderen (**consumo** 3, -sumpsi, -sumptus eigentlich: verbrauchen, aufbrauchen) = Vorzug einer Norm vor der anderen

Ist andererseits ein Sachverhalt unter mehrere Rechtssätze zu subsumieren, die miteinander unvereinbare Rechtsfolgen vorsehen (sog Gesetzeskonkurrenz), spricht man von

Antinomie Widerspruch zwischen zwei Normen (**antinomia**, -ae f.: griechisches Lehnwort; „Widerstreit der Gesetze“). Hier ist nach folgenden Grundsätzen vorzugehen:

lex specialis derogat generali (legi)
Das besondere Gesetz hebt das allgemeine auf.

lex specialis die besondere Regelung, das besondere Gesetz, Sondergesetz mit speziellem (kleineren) Anwendungsbereich (**lex**, legis f.: Gesetz)

lex generalis die allgemeine Regelung (**generalis**, -e: allgemein)

derogo 1 (+ Dativ) aufheben, teilweise abschaffen, hinwegnehmen; heute: Derogation, derogieren (auch heute mit Dativ!)
Beispiel: Das ABGB enthält Regeln über den Dienstvertrag (Arbeitsvertrag) schlechthin; heute gibt es aber für viele Dienstnehmergruppen Sondergesetze (**leges speciales**, zB das Angestelltengesetz, das Schauspielergesetz, das Journalistengesetz usw). Insoweit diese zur Anwendung kommen, „derogieren sie dem ABGB“.

lex posterior derogat priori (legi)
Die spätere Regelung hebt die frühere auf (**posterior**, -ius: der nachfolgende, spätere; **prior**, -ius: der vorhergehende, frühere).
Von zwei gleichen Gesetzen mit gleichem Regelungsgegenstand (und verschiedenen Rechtsfolgen) gilt das später erlassene.
Wird das ältere Gesetz vom jüngeren ausdrücklich außer Kraft gesetzt, enthält es also eine „Derogationsklausel“, spricht man von

formeller Derogation,

ist dies nicht der Fall, von

materieller Derogation.

Das Verhältnis von Normen verschiedener Rechtsstufen bezeichnet der Satz

lex superior derogat inferiori (legi)

Das übergeordnete Gesetz hebt das untergeordnete auf (**superior**, -ius: der obere, höhere; **inferior**, -ius: der untere, schwächere); zB: Verfassungsgesetze stehen über einfachen Gesetzen.

Subsidiarität oder **subsidiäre Geltung**

eines Gesetzes liegt vor, wenn ausdrücklich oder stillschweigend angeordnet wird, daß es nur heranzuziehen ist, soweit auf den Sachverhalt nicht bestimmte andere Gesetze anwendbar sind; die subsidiäre Norm hat nur Aushilfscharakter (vgl zB die häufige Anordnung der Subsidiarität im StGB: „... wenn er deswegen nicht nach einer anderen Bestimmung mit strengerer Strafe bedroht ist ...“; **subsidiarius** 3: zur Reserve gehörig, zur Aushilfe dienend).

Die Aufzählung der in Frage kommenden Tatbestände, die durch die Norm geregelt werden sollen, kann

taxativ erschöpfend (von **taxo** 1: abschätzen, erwähnen; **taxatio**, -onis f.: Schätzung; vgl heute: taxieren)

oder

demonstrativ hinweisend, beispielsweise (von **demonstro** 1: zeigen, aufweisen, deuten)

sein.

Der Geltungsbereich staatlicher Rechtsnormen kann grundsätzlich festgelegt sein nach dem

Personalitätsprinzip

(**persona**, -ae f.: Person, Persönlichkeit), also an die Person des Staatsbürgers geknüpft sein (unabhängig davon, wo er sich aufhält); dieses Prinzip herrschte etwa in der römischen Antike vor; vgl auch zB die Normen über die Wehrpflicht österreichischer Staatsbürger oder nach dem

Territorialitätsprinzip

auf das Staatsgebiet (**territorium**, -i n.:) abgestellt sein.
Beispiel: Das österreichische Strafrecht gilt für alle Handlungen, die auf österreichischem Staatsgebiet begangen werden, unabhängig davon, ob der Täter Österreicher oder Ausländer ist (vgl § 62 StGB).

Exterritorialität dem staatlichen Recht, der staatlichen Hoheitsgewalt nicht unterworfen, zB: Diplomaten (**e**, **ex**: Präp. + Abl.: aus)

Kollisionsnormen sind Rechtssätze, die bei Fällen mit Auslandsbeziehungen angeben, welche der berührten Rechtsordnungen anzuwenden ist. Sie bilden das „**Internationale Privatrecht**" (**collido** 3, -lisi, -lisus: zusammenstoßen; hier: der Konflikt zwischen verschiedenen Rechtsordnungen). Das moderne IPR geht auf die Statutentheorie der mittelalterlichen Stadtstaaten Oberitaliens zurück, die ihr jeweiliges Recht, sog. **statuta** (**statuo** 3, -ui, -utus: festsetzen, bestimmen, anordnen) kodifizierten, was bei Rechtsgeschäften mit Bürgern anderer Städte Fragen der Anwendung der **statuta** aufwarf. Während man zunächst immer die **lex fori** (s S 29) anwendete, versuchte man im 14. Jh. durch Herstellung von Nahebeziehungen zu ermitteln, welches Recht angewendet werden sollte.

Statut deshalb heute: anwendbare Rechtsordnung im IPR

Man unterschied
statuta personalia:

Personalstatut, jene Rechtsordnung, die für persönliche Verhältnisse heranzuziehen ist, etwa die **lex domicilii**, oder die **lex patriae** (s S 29)

statuta realia: Sachstatut; für Liegenschaften gilt etwa die **lex rei sitae** (s S 29) Die Behandlung der beweglichen Sachen ist problematischer, ursprünglich galt:

mobilia sequuntur personam:

bewegliche Sachen folgen (dem Statut) der Person (**sequor** 3, secutus sum: begleiten, folgen, zufallen). Heute ist man davon abgegangen.

Oft trifft man auf Sonderprobleme, wie etwa bei den

res in transitu: Sachen auf dem Transport (**transitus**, -us m.: Übergang, Durchgang)

Für Handlungen sah man ursprünglich v a das Recht des Ortes (**locus**, -i m.), wo sie gesetzt wurden, vor:

lex loci	(**contractus, delicti commissi** usw, vgl S 29; **locus regit actum** s S 186). Zuweilen wird auch eine
professio iuris	Rechtswahl (**professio** -onis, f.: Anmeldung, Äußerung) zugelassen.

II. Abschnitt

1. Kapitel: Begriffe aus dem Allgemeinen Teil des Privatrechts

Privatrecht (**ius privatum**) wird traditionell in die Stoffbereiche Allgemeiner Teil, Sachenrecht, Schuldrecht, Familienrecht und Erbrecht eingeteilt. Im „Allgemeinen Teil" finden sich die Grundlagen der Privatrechtsinstitutionen und wesentliche Begriffsbestimmungen. Auszugehen ist wieder vom Begriff **ius** in seinen Bedeutungen Recht im objektiven und subjektiven Sinn (s S 20). Das subjektive Recht des Einzelnen wie auch das Instrument zu seiner Durchsetzung heißt im römischen Recht

actio (-onis f.) Klage, Klagerecht (**ago** 3, egi, actus: handeln). **actio** bezeichnet das Mittel, mit dem man sein Recht im Prozeß durchsetzt; der Begriff wird jedoch auch für das subjektive Recht selbst, den Anspruch des einzelnen verwendet.

Je nach der Art des Rechtes, das man durchsetzen will, unterscheidet man:

actio in personam wörtlich: Klage gegen/in die Person (**persona**, -ae f.); Klage aus einem Forderungsrecht, zB: aus einem Kaufvertrag auf den bedungenen Preis.
Das Forderungsrecht kann als relatives Recht nur gegen eine bestimmte Person (den Schuldner) geltend gemacht werden, nur diese haftet für die versprochene Leistung. Nach dem ursprünglichen Verständnis ist „**in personam**" als unmittelbarer Zugriff auf die Person des Haftenden zu verstehen.

actio in rem Klage „auf eine Sache" (**res**, rei f.: Sache); Klage aus einem dinglichen (absoluten) Recht: Ist jemandem seine Sache abhanden gekommen und sieht er sie bei einem Dritten, so kann er sie von diesem Dritten aufgrund seines Eigentumsrechtes herausverlangen, obwohl zu diesem Dritten keine vertragliche Beziehung besteht. Das römische Recht gewährt in diesem Fall keinen Anspruch **in personam**, also in die Person des Dritten, sondern **in rem**, dh direkt auf die Sache.

Die Klagen (**actiones**) des römischen Rechts werden meist nach dem jeweiligen Rechtsverhältnis, aus dem sie geltend gemacht werden, benannt, zB:

actio depositi Klage aus dem Verwahrungsvertrag (**depositum**, -i n.) oder

actio empti Klage aus dem Kaufvertrag (**emptio venditio**, dazu im Schuldrecht).

Auf eine **actio** kann der Beklagte unter Umständen auch eine besondere Gegenbehauptung einbringen, eine

exceptio (-onis f.) Einrede, Einwendung; eigentlich: Ausnahme, Einschränkung (vgl **excipio** 3, -cepi, -ceptus: herausnehmen, ausnehmen, eine Ausnahme machen). Mit der **exceptio** behauptet der Beklagte, der mittels einer **actio** belangt wird, eine für ihn günstige Ausnahme von den Bedingungen, unter denen er sonst zu verurteilen wäre.
Vgl heute: Exzeption, exzeptionell (ausnahmsweise, außergewöhnlich).

Eine der wichtigsten Einreden ist die

exceptio doli Einrede der Arglist (**dolus**, -i m.: Arglist).
Beispiel: Ein Schuldner erbringt seine Leistung nicht und wird mit Klage belangt; er behauptet darauf (wendet ein), daß er durch Arglist zum Abschluß des Vertrages, aus dem die Schuld besteht, veranlaßt wurde.

Man unterscheidet

exceptiones dilatoriae
aufschiebende (dilatorische) Einreden (**differo**, -ferre, distuli, dilatus: auseinanderbringen, auf-, verschieben).
Eine aufschiebende Einrede ist zB die Einrede der Stundung (Hinausschieben der Fälligkeit), sie kann nur während des Stundungszeitraumes geltend gemacht werden.

exceptiones peremptoriae
dauernde (wörtl.: „vernichtende“) Einrede (**perimo** 3, -emi, -emptus: vernichten, zerstören, zugrunderichten, zum Erlöschen bringen).
Beispiel: formloser Erlaß einer Schuld; gegen die trotzdem eingebrachte Klage des Gläubigers hat der Schuldner die (dauernde) Einrede des Erlasses der Schuld.

Ein zentraler Begriff des Privatrechts ist der Begriff des Rechtsgeschäfts

negotium (-i n.) Geschäft, Rechtsgeschäft; auch: Beschäftigung, Arbeit, Auftrag, Angelegenheit (**nec otium**, wörtl.: Unmuße, Tätigkeit). Zweck und Inhalt des Rechtsgeschäftes ist das Herbeiführen von Rechtsfolgen durch (eine oder mehrere) Willenserklärungen. Beispiel Kauf: die angestrebten Rechtsfolgen sind das Erlangen des Kaufgegenstandes bzw des Kaufpreises durch Käufer bzw Verkäufer.

II. Abschnitt

essentialia negotii die wesentlichen (und unentbehrlichen) Bestandteile eines Rechtsgeschäfts, beim Kauf etwa Einigung über Preis und Ware (**essentia**, -ae f.: das Wesen einer Sache; **essentialis**, -e: wesentlich).

accidentalia negotii

Nebenbestimmungen zu einem Rechtsgeschäft, zusätzliche Vereinbarungen (**accido** 3, -cidi: sich [zufällig] ereignen, eintreten, vorfallen; **accidentalis**, -e: [zufällig] hinzukommend, unwesentlich).

Eine besondere Gruppe von Rechtsgeschäften des römischen Rechts sind die

negotia per aes et libram

wörtlich: Rechtsgeschäfte durch Kupfer und Waage (**libra**, -ae f.: Waage, auch: Gewicht, Pfund; **aes**, aeris n.: Erz, Kupfer, auch Kupfergeld). Es sind dies alte, förmliche Rechtsakte, bei denen unter Mitwirkung von fünf Zeugen und einem Waagehalter (**libripens**) ursprünglich noch ungemünztes Kupfer als Zahlung zugewogen wurde. Auch mußten bestimmte rituelle Handlungen und Spruchformeln eingehalten werden. Man bezeichnet diese Geschäfte auch als Libralakte.

aes alienum „fremdes Geld“ = Schulden (**alienus** 3: fremd)

Die oben geschilderte, rituelle Handlung wirkt

konstitutiv rechtsbegründend (**constituo** 3, -stitui, -stitutus: festsetzen, bestimmen, begründen), dh, daß die Rechtswirkung von der Einhaltung der Form abhängig ist. Gegenteil:

deklaratorische (deklarative) Wirkung

rechtsbekundende Wirkung (**declaro** 1: kenntlich machen, offenbaren, dartun, zeigen). Diese liegt dann vor, wenn ein Verhalten eine Rechtswirkung nur sichtbar macht, diese davon aber nicht abhängig ist.

Das wichtigste Rechtsgeschäft aus der Gruppe der Libralakte ist die

mancipatio (-onis f.)

„Handergreifung“ (**manus**, -us f.: Hand; **capio** 3, cepi, captus: ergreifen, fassen): ursprünglich ein Barkauf, bei dem die Kaufsache förmlich ergriffen wurde, später nur mehr ein Akt zur Übertragung von Herrschaftsrechten (va Eigentum).

Weitere Termini zum Bereich „Rechtsgeschäft“ sind:

conventio (-onis f.) Übereinkunft, Abmachung, Vertrag, Konvention, zB: „Genfer Konvention" (**convenio** 4, -veni, -ventus: zusammen-, übereinkommen, zustandekommen). Davon heute

Konventionalstrafe Vertragsstrafe. Vgl auch den Ausdruck

convenit es kommt die Vereinbarung zustande, man kommt (kam) überein, einigt sich (heute noch: es sagt zu; es schickt sich)

pactum (-i n.) Abrede, Abmachung; auch Übereinkunft, Vertrag, Vergleich; im römischen Recht vor allem formlose, ursprünglich unklagbare Vereinbarungen (**paciscor** 3, pactus sum: vereinbaren, übereinkommen, verabreden). Davon heute: Pakt, paktieren.

pactum in favorem tertii
Vertrag zugunsten Dritter (**favor**, -oris m.: Gunst, Geneigtheit; **tertius**: der Dritte). Vgl auch den Grundsatz

pacta sunt servanda
Verträge sind einzuhalten (**servo** 1: beobachten, bewahren; **servandus** 3: Gerundiv: ein einzuhaltender)

contractus (-us m.)
ein auf Begründung einer Verpflichtung gerichtetes Verhalten; im besonderen: Vereinbarung, Vertrag (**contraho** 3, -traxi, -tractus; hier: Geschäfte eingehen, abschließen; eigentlich: bewirken, herbeiführen, zusammenziehen). Davon heute

kontrahieren einen Vertrag schließen

Kontrakt Vertrag

Kontrahent Vertragspartner (auch: Gegner)

obligationes ex contractu
Verpflichtungen, die aus einem Rechtsgeschäft (Vertrag) herrühren (**obligatio**, -onis f.: die Verpflichtung)

Ein Vertrag kommt regelmäßig durch Angebot und Annahme zustande. Die Parteien heißen nach ihrer Tätigkeit

Offerent Anbieter (von **offero**, offerre, obtuli, oblatus: entgegenbringen, darbieten, sich zeigen) und

II. Abschnitt

Oblat der Anbotsempfänger (**oblatum**: PPP von **offerre**). Von **offerre** kommt auch

Offert (e) das Anbot

offerieren anbieten

„Offerte ohne obligo"
Anbot ohne Bindungswirkung (vgl **obligare**, **obligatio**)

Option (meist vertraglich eingeräumtes) Recht (Gestaltungsrecht), durch einseitige Willenserklärung ein bestimmtes Schuldverhältnis (zB Kauf oder Darlehen) in Geltung zu setzen (**optio**, -onis f.: Wahl, Wunsch)

Konsument Eine besonders geschützte Vertragspartei ist der Verbraucher (von **consumo** 3, -sumpsi, -sumtus: gebrauchen, verbrauchen); besonders wenn er mit einem Unternehmer kontrahiert.

Grundlage aller vertraglichen Verpflichtungen ist heute der

consensus (-us m.) Übereinstimmung, Einigkeit, Konsens, Einstimmigkeit, Willensübereinstimmung (**consentio** 4, -sensi, -sensum: übereinstimmen, einig sein, sich einigen)

consensu contractus
durch Willensübereinstimmung geschlossen (**contractus** hier: PPP von **contrahere**; s S 49). Verträge dieser Art nennt man

Konsensualkontrakte
(dazu S 104).
Gegenbegriff zu **consensus**:

dissensus (-us m.) Meinungsverschiedenheit, Dissens, Uneinigkeit, Nichtübereinstimmung zweier Willenserklärungen (**dissentio** 4, -sensi, -sensum: anderer Meinung sein, widersprechen, uneinig sein). Dissens ist die äußere Uneinigkeit der Parteien, dh die Willenserklärungen (Vertragsanbot und Annahme) lassen sich nicht in Übereinstimmung bringen.

Willenserklärungen erfolgen meistens ausdrücklich. Auch ein bestimmtes Verhalten kann aber als Willenserklärung angesehen werden. Im Gegensatz zur ausdrücklichen Willenserklärung spricht man von

konkludenten (schlüssigen) **Willenserklärungen**

(**concludo** 3, -si, -sus: einschließen, zusammenfassen, folgern; vgl auch **conclusio**, -onis f.: der logische Schluß, die Folgerung).
Beispiel: Auftragserteilung an ein Immobilienbüro zum Verkauf eines Hauses unter Setzung von bestimmten Bedingungen; dieses nimmt den Auftrag nicht ausdrücklich an, schickt jedoch einen Interessenten = konkludente Willenserklärung der Auftragsannahme.
Ähnlich: etwas

„tacite" = stillschweigend erklären (Adverb von **tacitus** 3: still, verschwiegen, schweigend).

Schließlich gibt es

fingierte Willenserklärungen

Das Gesetz ordnet an, daß in bestimmten Fällen Willenserklärungen als abgegeben gelten, es ordnet also die Konkludenz einer Handlungsweise an (**fingo** 3, finxi, fictus: annehmen, vorgeben, sich vorstellen).
Beispiel: § 1114 ABGB: Nach Ende der Mietdauer gebraucht der Mieter die Sache weiter, der Vermieter läßt es dabei bewenden. Rechtsfolge: Erneuerung des Mietvertrages (wie wenn neue Willenserklärungen abgegeben worden wären).

Davon auch

die Fiktion bewußte Annahme eines Tatbestandes, der in Wirklichkeit nicht gegeben ist (lat.: **fictio**, -onis f.). Die Fiktion ist ein Mittel der Gesetzgebungstechnik.

Wie Gesetze, so bedürfen auch Rechtsgeschäfte der Auslegung (**interpretatio**). Rechtsgeschäfte bestehen (s o) aus Willenserklärungen (einer oder mehreren).

voluntatem declarare

seinen Willen (**voluntas**, -atis f.) erklären, ausdrücken (**declaro** 1)

voluntaristisch vom Willen abhängig

Die Willenserklärung wird von der Rechtstheorie in ihre beiden Elemente zerlegt:

Wille (voluntas) als innerer Tatbestand, Absicht des Erklärenden

Erklärung (verba) als äußerer Tatbestand, die nach außen zutage tretende Äußerung des Erklärenden, der Wortlaut der Erklärung (**verbum**, -i n.: das Wort)

II. Abschnitt

ambiguitas (-atis f.)

Zwei-, Mehrdeutigkeit (einer Willenserklärung). Der Wille des Erklärenden kommt im äußeren Tatbestand (**verba**) nicht immer klar zum Ausdruck. In diesem Fall muß man die Bedeutung der Erklärung ermitteln (**interpretatio**). Hier gibt es grundsätzlich zwei Möglichkeiten:
– Abstellen auf den Willen des Erklärenden (gelten soll, was dieser erklären wollte)
– Abstellen auf die nach außen zutage tretende Erklärung (Wortlaut der Erklärung)

Dieser Konflikt wird mit der Formel

„verba aut voluntas“

„Worte oder Wille“ charakterisiert (**aut** = oder). Die Rechtsordnung muß festlegen, ob Rechtsgeschäfte

secundum verba gemäß der Erklärung, oder

secundum voluntatem

gemäß dem Willen ausgelegt werden sollen (**secundum**: Präp. + Akk.: gemäß).

Der häufigste Fall des Abweichens von Wille und Erklärung ist der

error (-oris m.) Irrtum (unzutreffende Vorstellung von der Wirklichkeit, vgl **errare humanum est**: Irren ist menschlich). Der Irrtum kann sich auf verschiedene Umstände beziehen:

error in corpore Irrtum in bezug auf den Vertragsgegenstand (**corpus**, -oris n.: Körper, auch: Sache)

error in negotio Irrtum über das Rechtsgeschäft, den Vertragstypus (**negotium**: s S 47)

error in substantia oder materia

Irrtum über Eigenschaften des Vertragsgegenstandes (**substantia**, -ae f.; **materia**, -ae f.: Stoff, Beschaffenheit)

error in nomine Irrtum über die Bezeichnung des Vertragsgegenstandes (**nomen**, -inis n.: Name, Bezeichnung)

Alle genannten Fälle sind einzuordnen unter dem Begriff

error facti Irrtum über Tatsächliches (**factum**, -i n.: Tatsache, Ereignis)

Nicht hierher gehört der

error iuris Rechtsirrtum = Irrtum über Rechtsvorschriften; vgl auch

ignorantia iuris Rechtsunkenntnis (**ignorantia**, -ae f.: Unwissenheit) oder

imperitia iuris Unerfahrenheit im Recht (zum **iuris peritus** s S 26)

In den meisten Fällen gilt hier die Rechtsregel

error iuris nocet Irrtum über das Recht schadet (**noceo** 2, -cui, -citum: schaden): auf Rechtsirrtum als Entschuldigungsgrund kann man sich regelmäßig nicht berufen.

Ein Irrtum kann auch arglistig herbeigeführt, der Willensmangel also vom Rechtsgeschäftspartner veranlaßt oder auch nur bewußt ausgenützt werden. In diesem Fall spricht man von

dolus (-i m.) die Arglist, die bewußte Täuschung, auch **dolus malus (dolo malo** [Abl.]: arglistig, mit bösem Vorsatz; **malus** 3: böse, schlecht; vgl auch „doloses Verhalten"). **dolus** bedeutet außerdem Vorsatz als Verschuldensform (s S 114). Der Gegenbegriff dazu ist die

bona fides die „gute Treue" (**fides**, -ei f.: Glaube, Vertrauen, Redlichkeit), auch: der gute Glaube; davon

bona fide gutgläubig, redlich (Abl.).

Im römischen Recht entspringt aus der arglistigen Irreführung (auch: zivilrechtlicher Betrug) eine

actio de dolo (bzw **actio doli**)
Arglistklage, und eine

exceptio doli Einrede der Arglist (vgl S 47)

metus (-us m.) ist dagegen die Furcht, die ebenfalls auf den Willen bei rechtsgeschäftlichen Erklärungen Einfluß nehmen kann (bei Abgabe von Erklärungen, die der Erklärende freiwillig nicht gemacht hätte).

Mentalreservation (reservatio mentalis)
liegt vor, wenn der Erklärende weiß, daß er etwas anderes erklärt als er will, er also innerlich einen „geheimen Vorbehalt" gegenüber

seiner Erklärung macht (**mens**, mentis f.: Geist, Verstand, Gedanke; **reservo** 1: zurücklegen, bewahren, vorbehalten).

Dem Begriff **voluntas** (s o S 51) verwandt ist der Begriff

animus (-i m.) Wille, Absicht des Handelnden (auch: Gesinnung, Wunsch, Verlangen); zB **animus donandi**: der Schenkungswille (**dono** 1: schenken; **donandi**: Gerundium); **animus novandi**: Erneuerungswille, s S 121; **animus obligandi**: Verpflichtungswille (**obligo** 1: verpflichten)

Aus dem **animus** ergibt sich die

causa (-ae f.) der Rechtsgrund für eine Zuwendung. „**causa**" hat allerdings mehrere Bedeutungen:
a) (rechtlich relevanter) Grund, Ursache, etwa Rechtsgrund für eine Vermögensverschiebung (zB: Kauf ist **causa** für eine Übereignung)
b) Rechtssache, Fall, Rechtsstreit (die Causa „Meier gegen Müller")
c) auch allgemein wichtige Angelegenheit, Geschäft
d) Präp. + Genetiv (nachgestellt): um … willen, wegen, im Hinblick auf (**honoris causa**: der Ehre wegen)

causa cognita ist eine Formel der Rechtssprache: nach Untersuchung des Falles (hier: Ablativus absolutus; im Nominativ: der untersuchte Fall; **cognosco** 3, -gnovi, -gnitus: erkennen, untersuchen).

Unter bestimmten Voraussetzungen entfaltet ein Rechtsgeschäft keine Wirkungen (ist nicht gültig), so zB wenn es gegen ein gesetzliches Verbot verstößt oder wenn das Gesetz Formvorschriften vorsieht, die nicht eingehalten werden (zB Schriftform oder notarielle Beurkundung). Wir sprechen hier von Nichtigkeit des Geschäfts, von einem

negotium nullum oder **imperfectum**
(**nullus** 3: kein; nichtig, wirkungslos)

In einigen Fällen kann jedoch das ungültige Geschäft nachträglich Gültigkeit erlangen:

Konvaleszenz Heilung eines Rechtsgeschäfts (**convalesco** 3, -lui: sich erholen, genesen, erstarken; vgl: die Rekonvaleszenz; Verbum: konvalidieren).
Beispiel: Ein Schenkungsversprechen ohne sofortige Übergabe des Geschenks ist nur dann gültig, wenn ein Notariatsakt darüber errichtet wird. Ohne Einhaltung dieser Form entsteht keine Schenkungsverpflichtung (die bloße Schenkungszusage ist nicht klagbar). Wird das Schenkungsversprechen aber erfüllt, ist die formungültige

Schenkung geheilt (konvalidiert), das Geschenk kann nicht zurückverlangt werden.

Konversion Umdeutung des ungültigen Geschäfts in ein anderes, gültiges, das eigentlich nicht beabsichtigt war (**converto** 3, -ti, -sus: umwandeln, verändern). Heute: konvertieren: zu einer anderen Konfession übertreten.

clausula rebus sic stantibus

Klausel der aufrecht stehenden (gleichbleibenden) Verhältnisse; Vorbehalt, daß ein Rechtsgeschäft bei Änderung der diesem zugrundeliegenden wesentlichen Umstände hinfällig bzw anzupassen ist (**clausula**, -ae f.: Klausel, Schlußsatz; **sic**: so; **sto** 1, steti, staturus: stehen, aufrecht stehen; **res**, rei f.: Sache, hier: Lage, Zustand, Verhältnisse). Eine Änderung der Verhältnisse wird auch durch die Lehre vom Wegfall der Geschäftsgrundlage berücksichtigt.

condicio (-onis f.) (auch **conditio**)

Bedingung = Zusatz zu einem Rechtsgeschäft, durch den die Rechtswirkungen des Geschäftes vom Eintritt oder Nichteintritt eines zukünftigen ungewissen Ereignisses abhängig gemacht werden. Zuweilen wird dieses ungewisse Ereignis selbst auch Bedingung genannt. Davon heute: Konditionen (zu welchen Konditionen? [veränderte Begriffsbedeutung]).
Die Bedingung ist gekennzeichnet durch die Formeln

incertus an „unsicher ob" (das Ereignis eintritt; **incertus** 3: unsicher; **an**: ob, auch: oder) und

certus/incertus quando

„sicher/unsicher wann" (das Ereignis eintritt; **quando**: wann), dh je nach Wortlaut der Vereinbarung ist der Zeitpunkt bestimmt (zB: an Deinem 30. Geburtstag) oder unbestimmt (zB: wenn Du die Prüfung bestanden hast).

Nach ihren Rechtswirkungen ist die Bedingung suspensiv oder resolutiv:

condicio suspensiva

Suspensivbedingung oder aufschiebende Bedingung (**suspendo** 3, -pendi, -pensus: aufhängen, hängen, schweben lassen; **suspensus** 3: ungewiß, unentschieden; vgl auch: suspendieren). Die Rechtswirkungen treten ein, wenn das Ereignis eintritt.

II. Abschnitt

Vorher gilt

condicio pendet Die Bedingung „schwebt“ (**pendeo** 2, pependi: hängen, herabhängen, schweben)

pendente condicione

bei schwebender Bedingung (Ablativus absolutus); dies bezeichnet den Schwebezustand des Rechtsgeschäftes bis zum Bedingungseintritt oder der Gewißheit ihres Nichteintritts.

condicio resolutiva Resolutivbedingung, auflösende Bedingung (**resolvo** 3, -solvi, -solutus: auflösen, auf-, losbinden, aufheben, zunichte machen). Die Rechtswirkungen aus dem Rechtsgeschäft treten sogleich ein, fallen mit Bedingungseintritt aber wieder weg; zB: Ich schenke dir mein Auto. Wenn Du Deine Prüfung nicht bestehst, hast du es mir zurückzugeben.

condicio potestativa

Wollensbedingung; vom Willen einer Vertragspartei abhängige Bedingung (**potestativ**: in der Macht, Willkür jemandes stehend, vgl **potestas**, -atis f.: Macht, Gewalt); zB Kauf auf Probe

condicio casualis vom Zufall abhängige Bedingung; zB: Ich leihe dir mein Surfbrett, wenn nächstes Wochenende schönes Wetter ist (vgl **casus**, -us m.: Fall, Zufall).

dies bezieht sich dagegen auf ein zukünftiges, aber sicher eintretendes Ereignis, von dem ebenfalls eine Rechtswirkung abhängt = Befristung (**dies**, diei m.: Tag; f.: Frist, Termin). Befristungen sind (vgl S 55)

certus an „sicher ob“, dh der Eintritt des Ereignisses ist gewiß; und wieder

certus/incertus quando

„sicher wann“ (zB: „am 1. 1. 1996“) oder „unsicher wann“ (zB: Todestag).
Die Wirkung kann ebenfalls suspensiv oder resolutiv sein.

Das Sprichwort

mors certa, hora incerta

Der Tod ist sicher, die Stunde ungewiß (**mors**, mortis f.: Tod; **hora**, -ae f.: Stunde) bezieht sich im juristischen Sinn also auf eine Befristung.

modus (-i m.) (eigentlich Art, Weise; s auch **modus** im Sachenrecht). Hier: Auflage = eine Nebenbestimmung zu einer Schenkung oder letztwilligen Verfügung, in der dem Begünstigten ein bestimmtes Verhalten vorgeschrieben ist. Man spricht von einer Schenkung **sub modo** (= unter der Auflage; **sub**: Präp. + Abl.: unter).
Beispiel: Schenkung eines Grundstückes an eine Gemeinde **sub modo**, daß es als Park öffentlich zugänglich gemacht wird.

procurator (-oris m.)
Vermögensverwalter im römischen Recht, Vertreter (**pro-curo** 1: für etwas sorgen, besorgen, verwalten). Davon kommt unser heutiges Wort

Prokura kaufmännische Handlungsvollmacht; Bevollmächtigung, als unmittelbarer Stellvertreter („Prokurist") für den Geschäftsherrn Rechtsgeschäfte abzuschließen

falsus procurator ist jemand, der ohne Vertretungsbefugnis als Bevollmächtigter eines anderen auftritt (**falsus** 3: falsch, unwahr).

Kollusion liegt vor, wenn der Vertreter im Einverständnis mit einem Dritten zum Nachteil des Vertretenen handelt (**collusio**, -onis f.: betrügerisches Einverständnis, „Zusammenspiel"). Vgl auch S 147.

Ratihabition ist die nachträgliche Genehmigung eines Rechtsgeschäftes, das der Vertreter abgeschlossen hat (**ratus** 3: bestimmt, sicher, bestätigt, geltend; **rem ratam habere**: etwas genehmigen, bekräftigen; **habeo** 2, -ui, -itus: halten, ansehen; auch: ratihabieren).

Dem römischen Recht war die direkte Stellvertretung nicht bekannt. Zu einer Haftung aus dem rechtsgeschäftlichen Handeln Dritter kam es nur ausnahmsweise, vor allem wenn der Handelnde gewaltunterworfen (Sklave, Hauskind) war. Die Geschäftspartner erhielten in diesen Fällen

actiones adiecticiae qualitatis
„hinzugefügte Klagen" (wörtlich: Klagen von hinzugefügter Beschaffenheit), sog adjektizische Klagen gegen den Gewalthaber bzw Geschäftsherrn (**adicio** 3, -ieci, -iectus: hinzufügen; **qualitas**, -atis f.: Beschaffenheit). Beispiele:

actio quod iussu (benannt nach dem Formelbeginn); Klage gegen den Gewalthaber, dessen Gewaltunterworfener ein Geschäft mit Ermächtigung (**iussum**, -i n.) des Gewalthabers abgeschlossen hat

II. Abschnitt

actio de peculio Klage in Hinsicht auf das Sondergut (**peculium**, -i n: s S 62) = Klage aus Geschäftsschulden des Gewaltunterworfenen, der von seinem Gewalthaber ein Pekulium zur Bewirtschaftung erhalten hat

actio de in rem verso
Klage in Hinsicht auf das dem Vermögen (des Gewalthabers) Zugewendete (**versus** 3: zu-, hingewandt) = Klage, wenn das vom Gewaltunterworfenen aus dem Geschäft Erlangte zur Bereicherung des Gewalthabervermögens verwendet wurde

actio institoria Klage aus Geschäften eines Geschäftsangestellten (**institor**, -oris m.)

actio exercitoria Klage gegen den Schiffsreeder (**exercitor navis**) aus Geschäftsschulden seines Kapitäns (**magister navis**; **navis**, -is f.: Schiff)

2. Kapitel: Begriffe aus dem Personen- und Familienrecht

Das Personenrecht beschäftigt sich vor allem mit der Frage, wer Träger von Rechten und Pflichten, also „Rechtssubjekt" sein kann bzw wer als solches durch sein Handeln rechtliche Wirkungen erzeugen kann. Die Regelung der rechtlichen Beziehungen, die sich aus dem besonderen Naheverhältnis der im Familienverband zusammengefaßten Personen ergeben, ist Aufgabe des Familienrechts. Dabei geht es insbesondere um die Bereiche Ehe, Eltern-Kind-Verhältnis und Vormundschaft.

Ausgangsbegriff ist

persona (-ae f.) Person, Persönlichkeit (ursprünglich wahrscheinlich: Maske)
Person im Rechtssinn oder Rechtssubjekt ist jeder, der Träger von Rechten und Pflichten sein kann, wer „rechtsfähig" ist.

Neben den „natürlichen" Personen (bei allen Menschen tritt die Rechtsfähigkeit kraft Geburt ein) sind heute auch „künstliche" Personen **personae** im Rechtssinn, also Rechtssubjekte: zB der Staat und die anderen Gebietskörperschaften, Vereine oder handelsrechtliche Gesellschaften (GmbH, AG). Auch sie sind rechtsfähig („juristische Personen").

Die Rechtsfähigkeit beginnt bei „natürlichen" Personen gewöhnlich mit der Geburt. Ausnahme ist der

nasciturus die noch ungeborene Leibesfrucht, der Embryo (**nascor** 3, natus sum: geboren werden; hier: Partizip des Futurs: einer der geboren werden wird).
Der **nasciturus** kann bereits Träger von Rechten sein, wenn dies für ihn vorteilhaft erscheint (zB im Erbrecht, oder hinsichtlich der Schadenersatzansprüche bei Schädigung im Mutterleib; vgl die „Conterganfälle"). Die Rechtsfähigkeit ist hier bedingt durch die Lebendgeburt.
Die römischen Juristen formulierten folgende Fiktion:

nasciturus pro iam nato habetur, quotiens de commodis eius agitur
Der **nasciturus** gilt als geboren, soweit es um seine Vorteile geht (**pro**: Präp. + Abl.: für, als, wie; **iam**: schon; **habeo** 2, -ui, -itus: haben, halten; Passiv: gelten; **quotiens**: so oft; **commodum**, -i n.: Vorteil, Interesse; **agitur**: es handelt sich, von **ago** 3, egi, actus: tun, treiben, handeln).

Vgl auch

postumus (-i m.) der Spät-, Nachgeborene = der erst nach dem Tod des Vaters Geborene (zu **postumus** 3: zuletzt geboren); vgl heute: posthum

Im römischen Recht gibt es nicht „die Rechtsfähigkeit" schlechthin, die man mit der Geburt erwirbt; die Rechtsstellung des einzelnen wird nach verschiedenen Kriterien beurteilt:

status (-us m.) Zustand; insbes bürgerlicher Rechtszustand, Personenstand. Der

status libertatis (**libertas**, -atis f.: die Freiheit) bezieht sich auf die Frage der Freiheit; der

status civitatis (**civitas**, -atis f.: die Bürgerschaft) auf die Frage, ob jemand des römischen Bürgerrechts teilhaftig ist. Der

status familiae (**familia**, -ae f.: die Familie) behandelt schließlich die Stellung im Familienverband.

Jede Änderung des **status** bezeichnet man als

capitis deminutio Änderung bzw Schmälerung der Rechtsfähigkeit (**caput**, capitis n.: Haupt, Kopf; hier: bürgerlicher Rechtszustand, bürgerliche Rechtsfähigkeit einer Person; **deminutio**, -onis f.: Verminderung, Verringerung, Beeinträchtigung, Verlust).

Je nach dem Ausmaß der Verminderung unterscheidet man:

capitis deminutio minima
die geringste (**minimus** 3: Superlativ von **parvus** 3: klein) = Änderung der familienrechtlichen Stellung

capitis deminutio media/minor
die mittlere (**medius** 3) oder geringere (**minor**: Komparativ von **parvus**) = Verlust des Bürgerrechts

capitis deminutio maxima
die größte (**maximus** 3: Superlativ von **magnus** 3: groß, bedeutend) = Verlust der Freiheit

infames sind im römischen Recht Personen, deren Ehren- und Rechtsstellung strafweise eingeschränkt wird („Ehrlose"; **infamia**, -ae f.: Schmach, Schande, Ehrlosigkeit; **infamis**, -e: ehrlos).

Zum **status libertatis**:

Freie bezeichnet man als

liberi (-orum m.) (Adjektiv **liber**, -a, -um: frei, unbeschränkt, ungebunden). **liberi** bedeutet jedoch auch: die Kinder (und sollte nicht mit **liber**, libri m.: Buch, verwechselt werden).

ingenui sind die Freigeborenen (Adj.: **ingenuus** 3: freigeboren, freibürtig); im Gegensatz zu den

liberti (libertini) die Freigelassenen, frühere Sklaven, die von ihren Herren aus der Sklaverei entlassen worden sind (Sing.: **libertus** m. bzw **liberta** f.; vgl **libero** 1: befreien, freilassen)

statuliber unter einer Nebenbestimmung (Bedingung, Befristung) freigelassener Sklave

Die Freilassung selbst heißt

manumissio (-onis f.)
„Entlassung aus der Gewalt" (**manus**, -us f.: die Hand, die Gewalt; **mitto** 3, misi, missus: schicken, hier: gehen lassen, loslassen, entlassen).
Der Freilassende hat als

patronus (-i m.) (wörtl.: Schutzherr, Beschützer, Vertreter) die **Patronatsgewalt** über die Freigelassenen (Schutzpflicht des Freilassers, Gehorsams- und Beistandspflicht des Freigelassenen).
Die Freigelassenen gehören wie die Fremdlinge, die im Rahmen des Gastverhältnisses aufgenommen werden und auch unter dem Patronat stehen, zu den

clientes (cliens, -entis m.)
Hörige, Schutzbefohlene; vgl heute: Klient, Klientel

servus (-i m.) der Sklave, Unfreie, Diener (**servio** 4: dienen; adj.: **servilis**, -e); vgl heute: Servilität, servil

captivus (-i m.) der (ebenfalls unfreie) Kriegsgefangene

Wurde ein Römer Kriegsgefangener des Feindes, so galt das

II. Abschnitt

ius postliminii „Rück, -Heimkehrrecht" = nach Rückkehr tritt der wegen der Gefangenschaft Rechtlose wieder in seinen früheren Rechtszustand ein.

servitium (-i n.) Sklavendienst, Sklaverei, ebenso

servitus (-utis f.) (aber auch: Servitut = Dienstbarkeit, s S 89)

Der Sklave (auch ein Haussohn) kann ein

peculium (-i n.) erhalten: Sondergut zur Bewirtschaftung, Sondervermögen (von **pecus**, -oris n.: Vieh, woraus sich auch der Begriff Vermögen, Geld = **pecunia** ableitet).

Zum **status civitatis**:

civis (-is m./f.) ist der (römische) Bürger (**civis Romanus,** vgl **civitas, civilis**)

peregrinus (-i m.) ist dagegen der Nichtbürger (als Fremdwort: der Peregrine), für den das römische **ius civile** (s S 26) nicht galt.

Ausnahmsweise wurde jedoch der Geltungsbereich des **ius civile** für bestimmte Angelegenheiten auch auf Nichtbürger erweitert, und zwar durch Verleihung des

commercium (-i n.) die Fähigkeit, bestimmte Rechtsgeschäfte des römischen Rechts gültig abschließen zu können (wörtlich: Handel, Verkehr; vgl heute: Kommerz, Kommerzialrat)

conubium (-i n.) die Fähigkeit, eine nach **ius civile** gültige Ehe eingehen zu können (von **cum** und **nubo** 3, nupsi, nupta: heiraten; vgl S 70)

Zum **status familiae**:

familia (-ae f.) „Familie" im heutigen Sinn als Personenverband; daneben auch etwa „Vermögen", oft als: „**familia et pecunia**" bezeichnet (**pecunia**, -ae f.: Geld). **familia** bedeutet aber vor allem: Gemeinschaft der freien Personen unter der Hausgewalt eines

pater familias Hausvater (**familias**: alte Form des Genetivs; **pater**, -tris m.: Vater). Der Vater ist Inhaber der Hausgewalt über die freien Mitglieder seiner Familie. Diese heißt

manus (-us f.) Hausgewalt über die Ehefrau (wörtl.: Hand)
oder

patria potestas Hausgewalt über die ehelichen Kinder und Kindeskinder (**potestas**, -atis f.: Gewalt; **patrius** 3: väterlich).
Inhaltlich ist die Hausgewalt eine Vollgewalt und umfaßt auch das

ius vitae necisque Gewalt (Recht), über Leben und Tod zu entscheiden (**vita**, -ae f.: Leben; **nex**, necis f.: Tod; -**que** = et = und).

Wer unter keiner Hausgewalt steht, ist

sui iuris „seines Rechts", eigenberechtigt (von **ius** und **suus** = sein; auch **suae potestatis**; jeweils Genetiv). Der Gewaltunterworfene ist dagegen

alieni iuris „fremden Rechts", gewaltunterworfen (auch hier Genetiv; **alienus** 3: fremd).

subiecti alieno iuri

die Gewaltunterworfenen, wörtlich: dem fremden Recht Unterworfene (**subicio** 3, -ieci, -iectus: unterwerfen)

Die anderen Familienmitglieder sind die

uxor (-oris f.) die Ehefrau, deren Ehrentitel als Mutter ehelicher Kinder

mater familias lautet (**mater**, -tris f.: die Mutter), sowie die

liberi Hauskinder (s o), und zwar die

filii familias die Söhne (**filius**, -i m.) und die

filiae familias die Töchter (**filia**, -ae f.; vgl „Filiale").

Über der **familia** steht in frührömischer Zeit noch ein umfassenderer Personenverband, die

gens (gentis f.) Sippenverband, Siedlungsverband; eine Mehrzahl von Familien, die ihren Ursprung von einem (meist sagenhaften) Stammvater herleiten; vgl den

nomen gentile der Gentilname (Geschlechtsname); zB Gaius **Julius** Caesar: aus der **gens Iulia** (**nomen**, -inis n.: der Name; vgl nominieren, Nominal-; **gentilis**, -e: Adj. zu **gens**).

Unter die **patria potestas** fällt ein Kind durch seine Geburt oder auch durch Rechtsgeschäft, die

II. Abschnitt

adoptio (-onis f.) Annahme an Kindes Statt („Hinzuerwählen"; vgl **adopto** 1: ausersehen, erwählen, annehmen); vgl heute: Adoption. Im römischen Recht auch

adrogatio (-onis f.) oder **arrogatio.**

Aus der **patria potestas** entlassen werden kann das Hauskind durch die

emancipatio (-onis f.)
Emanzipation, Entlassung aus der Familiengewalt (**mancipium**); ein Rechtsgeschäft, durch welches die **patria potestas** aufgehoben wird (**e**, **ex**: Präp. + Abl.: aus; zu **mancipatio** o S 48). Heute: Befreiung aus einer Abhängigkeit.

parens manumissor
der freilassende Vater (**parens**, -entis m./f.: Elternteil; **manumissor**, -oris m.: Freilasser)

legitimatio (-onis f.)
hat im Familienrecht eine besondere Bedeutung: durch Legitimation erwirbt ein uneheliches Kind die Rechtsstellung eines ehelichen (wörtlich: Anerkennung, das „Gesetzlichmachen"; vgl auch o S 32). Man unterscheidet

legitimatio per subsequens matrimonium
Legitimation (Ehelichkeitserklärung) durch nachfolgende Eheschließung (**subsequor** 3, -secutus sum: nachfolgen, hier Part. Präs.; **per**: Präp. + Akk.: durch, infolge, wegen; **matrimonium**: s S 69)

legitimatio per rescriptum principis
Legitimation durch kaiserlichen Gnadenakt; heute: Erklärung des Bundespräsidenten (**rescriptum**, -i n.: Bescheid).

Bezüglich der Abstammung gilt:

mater semper certa est
Die Mutter ist immer gewiß (**certus** 3: sicher, gewiß; **semper**: immer).

pater est, quem nuptiae demonstrant
Vater ist der, den die Eheschließung zeigt (als Vater wird der Ehemann der Mutter vermutet, vgl § 138 ABGB; **nuptiae**: s S 70).

In-vitro-Fertilisation

Befruchtung der weiblichen Eizelle mit männlichem Samen im Reagenzglas (**fertilitas**, -atis f.: Fruchtbarkeit; **vitrum**, -i n.: Glas). Vgl auch

extrakorporale Insemination

Befruchtung außerhalb des (mütterlichen) Körpers (**extra**: Präp. + Akk.: außer, außerhalb; **corpus**, -oris n.: Körper; **semen**, -inis n.: Same)

Ein Verfahrensbegriff ist die

exceptio plurium (concumbentium)

Einrede des Mehrverkehrs während der Empfängniszeit (gegen eine Vaterschaftsklage; **plus**, pluris: mehr; **concumbo** 3, -bui, -bitus: Beischlaf pflegen).

Die Eltern trifft die Pflicht zur

Alimentation Unterhaltsleistung (**alimenta**, -orum n.: Lebensmittel, Unterhalt; **alo** 3, alui, altus: nähren, ernähren, Unterhalt gewähren), davon heute

Alimente wiederkehrende Leistungen mit Unterhaltscharakter.

Das römische Recht kennt zwei Verwandtschaftsbegriffe:

cognatio (-onis f.) Blutsverwandtschaft, Kognation (adj. **cognatus** 3: blutsverwandt) und

a(d)gnatio (-onis f.) Zugehörigkeit zum Hausverband, von der Vaterseite her vermittelte Verwandtschaft. Verwandtschaftsbegründendes Kriterium ist hier die **patria potestas** (**adgnascor** 3, adgnatus sum: hinzugeboren werden; **adgnatus**: Verwandter von väterlicher Seite; heute: Agnat).

adgnati alle freien Personen, die in demselben Hausverband stehen oder noch stünden, wenn ihr gemeinsamer **pater familias** noch lebte

adgnatus proximus der gradnächste agnatische Verwandte (**proximus** 3: der nächste, Superlativ zu **prope**: nahe)

nepos (-otis m.) Geschwistersohn = Neffe; Enkel, Nachkomme; davon heute

Nepotismus „Vetternwirtschaft“

II. Abschnitt

adfinitas oder

affinitas (-atis f.) Schwägerschaft (**affinis**, -e: angrenzend, benachbart, verschwägert; vgl heute: Affinität = Wesensverwandtschaft)

Um rechtlich wirksam handeln zu können, ist ein bestimmtes Alter erforderlich. Darauf bezieht sich der Begriff der

pubertas (-atis f.) Mündigkeit (eigentlich: Mannbarkeit, Manneskraft).

puberes (-um) die Mündigen, die über 14jährigen, die Erwachsenen, die Waffenfähigen (**pubes**, -eris: mannbar, erwachsen)

impuberes (-um) die Unmündigen (**impubes**, -eris: unreif, unerwachsen)

Der Eintritt der **pubertas** wurde in Rom bei Mädchen mit dem vollendeten 12., bei Knaben mit dem 14. Lebensjahr angenommen.
Innerhalb der Altersgruppe der **impuberes** unterscheidet man **infantes** und **impuberes infantia maiores**:

infans (-antis m./f.)
Kind (von **qui fari non potest** [der nicht sprechen kann]; vgl heute: infantil; Infant auch: königlicher Prinz). Diese Altersstufe reicht bis zum 7. Lebensjahr, dann gehört der Unmündige zu den

impuberes infantia maiores
zu den noch nicht Mündigen, die der Kindheit aber schon entwachsen sind (**infantia**, -ae f.: Kindheit [hier: Abl. des Vergleichs]; **maior**: größer, älter, Komparativ von **magnus** 3: groß).

pubertati proximi Unmündige, die aber dem Alter der Mündigkeit schon nahe sind (vgl **proximus** 3: nahe, der nächste)

Auf eine weitere Altersstufe bezieht sich die Bezeichnung

minor viginti quinque annis
der noch nicht 25jährige (**minor**: kleiner, weniger, jünger, Komparativ von **parvus** 3: klein; **annus**, -i m: Jahr; Abl. des Vergleichs); Minderjähriger

venia aetatis „Nachsicht des Alters“ = Volljährigkeitserklärung, gerichtliche Verkürzung der Minderjährigkeit (**venia**, -ae f: Gunst, Gnade, Nachsicht; **aetas**, -atis f: Leben, Lebensalter)

Der Unmündige, der **sui iuris** ist, braucht einen Beistand. Auch das römische Recht kennt die Einrichtung der

tutela (-ae f.). Vormundschaft; auch Bewahrung, Aufsicht, Schutz. Unter der Vormundschaft stehen **impuberes**, die **sui iuris** sind, und Frauen **sui iuris**.

tutela impuberum Vormundschaft über Unmündige

tutor (-oris m.) Vormund (heute auch: Betreuer an der Universität, s S 15)

pupillus (-a m./f.) Unmündiger, der unter keiner Gewalt steht; Mündel, Pflegebefohlener, Waise (eigentlich: das Püppchen; vgl im Erbrecht: Pupillarsubstitution)

Die **tutela** ist

munus (-eris n.) Obliegenheit, Last, Verpflichtung, auch: Zwangsdienst, öffentliches Amt, Posten, Dienst.

Von ihrer Übernahme kann man sich entschuldigen:

excusatio tutoris Entschuldigung des Tutors; Exkusationsrecht = Entschuldigungsrecht (**excusatio**, -onis f., **excuso** 1: entschuldigen)

Wer zum Tutor bestellt werden soll, wird vom Gesetz oder im Testament bestimmt:

tutor legitimus gesetzlicher Vormund (vgl: **legitimus** von **lex**; s S 31); das Gesetz ordnet an, wer (welcher Verwandte) **tutor** eines **impubes sui iuris** sein soll, dieser wird **ipso iure** zum Vormund, wenn nicht jemand anderer dazu bestimmt ist.

tutor testamentarius
im Testament (vom **pater familias**) bestimmter Vormund

Der Tutor muß bei Rechtsgeschäften des Unmündigen, in denen dieser sich selbst verpflichtet bzw Rechte aufgibt oder belastet, seine Zustimmung (Bestätigung) geben, die

auctoritas (-atis f.) tutoris
hier: förmliche Genehmigung und Bekräftigung der Rechtshandlung eines Mündels durch den Tutor (**auctoritas** bedeutet allgemein auch: Macht, Ansehen, Autorität, rechtliche Gültigkeit, Bestimmung, Genehmigung, Ermächtigung, Gewähr)

II. Abschnitt

Ein nicht autorisiertes Rechtsgeschäft eines Unmündigen mit einem Mündigen verpflichtete im römischen Recht nur den Mündigen, daher

negotium claudicans

„hinkendes" Rechtsgeschäft (**negotium**, -i n.: Rechtsgeschäft; **claudico** 1: lahm sein, hinken; hier Part. Präs.); heute ist das Geschäft bis zur Genehmigung schwebend unwirksam (§ 865 ABGB)

accusatio suspecti tutoris

Anklage gegen einen verdächtigen Vormund, dem ein Treueverstoß vorgeworfen wird (**accusatio**, -onis f.: Anklage; **suspectus** 3: verdächtig, insbes eines Verbrechens)

tutela mulierum Vormundschaft über Frauen, die **sui iuris** sind (**mulier**, -eris f.: Frau)

ius liberorum „Recht (wegen) der Kinder" = Befreiung von Frauen mit drei Kindern von der Vormundschaft (durch ein Gesetz des Kaisers Augustus)

Eine der **tutela** ähnliche Einrichtung ist die

cura (-ae f.) oder **curatio (-onis f.)**

Pflegschaft, vor allem über den Geisteskranken und den Verschwender (auch Fürsorge, Sorgfalt, Bemühung, Obhut, Aufmerksamkeit)

curator (-oris m.) Beistand, Verwalter (wörtlich: Pfleger); er erhält über die Person und das Vermögen des Pfleglings eine treuhänderische Gewalt (vgl: Kurator, Kuratel, Kuratorium). Das österreichische Recht verwendet heute den Begriff „Sachwalter".

Kurand Pflegebefohlener (**curandus** 3: Gerundiv von **curo** 1: sorgen, pflegen)

cura furiosi Pflegegewalt über den Geisteskranken (**furiosus**, -i m.: der Geisteskranke)
Der römische **curator** hat das Vermögen zu verwalten und steht als Treuhänder

domini loco an Stelle des Eigentümers, also des Pfleglings (**locus**, -i m.: Platz, Stelle; **dominus**, -i m.: Eigentümer).

lucida intervalla die „lichten Momente", zeitweilige Zurechnungsfähigkeit (**lucidus** 3: hell, klar; **intervallum**, -i n.: Zwischenraum, Zwischenzeit)

cura prodigi Verschwenderpflegschaft (**prodigus**, -i m.: der Verschwender; Prodigalität: Verschwendungssucht); sie setzt eine Entmündigung =

interdictio (-onis f.),
eigentlich **Verbot**, voraus.

cura minorum Pflegschaft über den **minor**, den noch nicht 25jährigen (vgl o S 66). Hier wird ihm ein **curator** auf seinen eigenen Antrag hin zur Verfügung gestellt.

cura ventris Pflegschaft für die Leibesfrucht (**venter**, ventris m.: Bauch, insb Mutterleib, deshalb auch: Leibesfrucht, Embryo). Wenn zB ein schon gezeugtes, aber noch ungeborenes Kind Erbe wird, nimmt der **curator ventris** dessen Interessen wahr (vgl § 274 ABGB).

Kollisionskurator Kurator (Sachwalter) bei Rechtsstreitigkeiten oder für Rechtsgeschäfte Minderjähriger, die in diesem besonderen Fall nicht von ihrem gesetzlichen Vormund vertreten werden können, etwa weil sie mit ihm einen Vertrag abschließen wollen, oder weil er auch Vormund der anderen Vertragspartei ist; zB bei einem Vertrag zwischen zwei minderjährigen Geschwistern (**collisio**, -onis f.: das Zusammenstoßen; hier: von Interessen).

Begriffe des Eherechts:

matrimonium (-i n.)
die Ehe; diese Bezeichnung erscheint heute im Grundsatz des

favor matrimonii „die Gunst (Begünstigung) der Ehe" (**favor**, -oris m.: Gunst, Geneigtheit). Zahlreiche Verfahrensbestimmungen in Ehesachen zielen darauf ab, den (Weiter-)Bestand der (vom Staat als Institution gewünschten) Ehe zu begünstigen.

matrimonium iustum
Ehe nach **ius civile** („rechtmäßige" Ehe)

matrimonium ratum
(im Kirchenrecht) die den Vorschriften entsprechende Ehe (**ratus** 3: rechtskräftig, gültig)

matrimonium consummatum
die (durch Beischlaf) vollzogene Ehe (**consummo** 1: vollbringen, ausführen)

II. Abschnitt

in matrimonium ducere aliquam

wörtlich: jemanden (eine Frau) in die Ehe führen (**duco** 3, duxi, ductus: führen; **aliquis**, -quid: jemand bzw adj. **aliqui**, -qua, -quod) = heiraten (aus der Sicht des Mannes)

in matrimonium dare

verheiraten (**dare** = geben) aus der Sicht des Vaters der Braut

nuptiae (-arum f.) Hochzeit, eheliche Verbindung, Verheiratung, Ehe (**nubo** 3, nupsi, nupta: heiraten aus der Sicht der Frau; eigentlich: sich verhüllen). Vgl das geflügelte Wort

Bella gerant alii, tu, felix Austria, nube!

Andere mögen Kriege führen, du, glückliches Österreich, heirate! (**bellum**, -i n.: der Krieg; **bellum gerere**: Krieg führen, von **gero** 3, gessi, gestus; **gerant** = Präs. Konjunktiv; **nube** = Imperativ; **felix**, -icis: glücklich; Epigramm auf die Heiratspolitik Maximilian I.).

Für die Eheschließung gilt

consensus facit nuptias

Die Willensübereinstimmung schafft die Ehe (**consensus**: s S 50).

affectio maritalis Bewußtsein der Gatten, daß ihre Gemeinschaft eine Ehe ist: Ehebewußtsein (**affectio**, -onis f.: Stimmung, Neigung, Gesinnung, Beschaffenheit, Zustand)

conubium (-i n.) das Recht, eine gültige römische Ehe einzugehen, aber auch die Ehe selbst

sponsalia (-ium, -iorum n.)

das Verlöbnis (**facere**: schließen)

concubinatus (-us m.)

nicht als Ehe anerkannte, dauernde Lebens- und Geschlechtsgemeinschaft zwischen Mann und Frau; Lebensgemeinschaft; der Konkubinat (**concubina**, -ae f.: die Konkubine)

uxor (-oris f.) die Ehefrau, Gattin

mulier (-eris f.) Frau, insbes die verheiratete Frau (im Gegensatz zu **virgo**, -inis f.: Jungfrau, unverheiratete Frau)

res uxoriae das „Frauengut" (adj.: **uxorius** 3: der Gattin gehörig)

uxor in manu Ehefrau, über die der Gatte Hausgewalt (**manus**: s S 62; **in**: Präp. + Abl.: in, unter) besitzt. Eine Ehe ist auch ohne die Begründung des Gewaltverhältnisses möglich; die Frau ist dann

uxor non in manu gewaltfreie Ehefrau.

in manum convenire
in die Gewalt des Mannes kommen (**convenio** 4, -veni, -ventus: zusammenkommen; in: Präp. +Akk.: in ... hinein). Der Vorgang der Gewaltübertragung heißt danach

conventio in manum
(im übertragenen Sinn auch „Eheschließung").

trinoctium Zeitraum von drei Nächten (**nox**, noctis f.: die Nacht; **tres** [tris], tria: drei): Einrichtung des alten Rechts: die gewaltfreie Ehefrau mußte drei aufeinanderfolgende Nächte im Jahr außer Haus verbringen, um nicht in die Gewalt (**manus**) des Ehemannes zu kommen.

dos (dotis f.) Mitgift (vgl **donum**, -i n.: Gabe, Geschenk; adj. **dotalis**, -e: zur Mitgift gehörig); davon: **Dotal**sachen, **Dotal**grundstück (**fundus dotalis**), **Dotal**versprechen, vgl auch dotieren, Dotation

dos recepticia zurückfallende Mitgift: Mitgift, bei der sich der Besteller die Rückgabe nach beendeter Ehe vorbehalten hat (**recipio** 3, -cepi, -ceptus: zurücknehmen, wieder erhalten)

dotis promissio Versprechen, eine Mitgift zu bestellen (**promissio**, -onis f.: Versprechen)

divortium (-i n.) Trennung, Scheidung

caelebs (-ibis) unvermählt, ehelos: der unverheiratete Mann (davon: Zölibat)

II. Abschnitt

3. Kapitel: Begriffe aus dem Sachenrecht

Das Sachenrecht befaßt sich mit den Herrschaftsrechten über Sachgüter, es ist das Recht der Güterzuordnung. Bezieht sich das Personenrecht auf Rechtssubjekte, so haben wir es hier in erster Linie mit „Rechtsobjekten“ zu tun. Da sich alle Befugnisse auf „Dinge“ beziehen, nennt man die Sachenrechte auch „dingliche Rechte“. Die dinglichen Rechte sind absolut, dh von jedem zu respektieren und gegen jeden durchzusetzen. Zu ihrer Durchsetzung benötigt man im Bereich des römischen Rechts die **actiones in rem** (vgl o S 46).

Zentraler Begriff des Sachenrechts ist

res (rei f.)
a) Sache, Gegenstand, Ding
b) in der Rechtssprache: einzelne abgegrenzte, juristisch selbständige körperliche Sache
c) im weiteren Sinn alles, was Gegenstand eines (privaten) Rechts sein kann (Rechtsobjekt: im römischen Recht auch Sklaven, aber auch Rechte)
d) Vermögen als ganzes

Die Sachen werden nach verschiedenen Gesichtspunkten eingeteilt:

res corporales körperliche Sachen, Sachen im engeren Sinn (**corporalis**, -e: körperlich). Gaius (2. Jh) bezeichnet sie als **res quae tangi possunt**: Sachen, die berührt werden können (**tango** 3, tetigi, tactus: berühren; **possum**, posse, potui: können)

res incorporales unkörperliche Sachen (vor allem Rechte, zB die beschränkten Sachenrechte oder die Forderungsrechte)

Manche Sachen können nicht Gegenstand privater Rechte sein, man nennt sie deshalb

res extra commercium
Sachen, die am Rechtsverkehr nicht teilnehmen (**extra**: Präp. + Akk.: außer, außerhalb; **commercium**, -i n.: hier: Handel, Verkehr), auch **res extra patrimonium** (**patrimonium**, -i n.: privates Vermögen, Erbgut), oder

res quarum commercium non est
Sachen, an denen kein Rechtsverkehr besteht.

Unter diese Gruppe fallen im römischen Recht die

res divini iuris die Sachen des göttlichen Rechts (**divinus** 3: göttlich). Sie stehen im Eigentum der Götter oder ihrer Schutzgewalt. Sie werden weiter eingeteilt in

res sacrae den Göttern geweihte Sachen, zB Tempel, Altäre (**sacer**, sacra, sacrum: einer Gottheit geweiht, auch: verwünscht)

res religiosae zB Grabstätten (**religiosus** 3: geweiht, geheiligt, heilig; hier: durch Beisetzung eines Toten den unterirdischen Göttern geweihte Sachen)

res sanctae unter göttlichem Schutz stehende profane Sachen, zB: Stadtmauern (**sanctus** 3: heilig, geweiht, befriedet, unverletzlich)

Auch einige Sachen menschlichen Rechts
res humani iuris (**humanus** 3: menschlich, des Menschen) gehören zu den **res extra commercium**, so die

res communes omnium die allen gemeinsam gehörenden Sachen wie Luft, Meer, Flußwasser (**communis**, -e: gemeinschaftlich, allgemein, gemeinsam; **omnis**, -e: jeder, ganz; hier: Genetiv Plural: aller).

res publicae „öffentliche" Sachen (**publicus** 3); Sachen, die im Eigentum des Staates stehen (vgl aber **res publica**: der Staat; s S 33)

Heute unterscheiden wir „private" und „öffentliche" Sachen (öffentliches Gut, an dem Gemeingebrauch besteht und das öffentliche Vermögen, zB Amtsgebäude). **res extra commercium** sind nach heutigem Verständnis Sachen, bei denen die Verkehrsfähigkeit durch Gesetz eingeschränkt ist, so zB Reliquien, Suchtgifte, Waffen etc. Es handelt sich meistens jedoch nicht um generelle Ausschlüsse der Verkehrsfähigkeit (Erwerb bestimmter Waffen ist etwa mit besonderer Bewilligung möglich).

Verkehrsfähige Sachen teilt das römische Recht ein in

res mancipi Sachen, die durch **mancipatio** übertragen werden können und

res nec mancipi Sachen, die nicht durch **mancipatio** übertragen werden können (eigentlich: **mancipii**, Genetiv von **mancipium**, s u; **nec** = nicht). Nur **res mancipi** waren dem bereits oben dargestellten Libralakt (s S 48) zugänglich. Sie waren die wertvollsten Güter in der altrömischen Agrargesellschaft: Grundstücke, Sklaven, Großvieh und als **res incorporales** die alten Feldservituten. Wegen ihrer großen Bedeutung konnten sie nur mittels förmlicher, lediglich römischen Bürgern zugänglichen Rechtsgeschäfte wie der **mancipatio** oder der **in iure cessio** (s S 83) rechtsgültig übertragen werden, da nur diese durch ihre Formvorschriften dem Prinzip der Publizität dieser wichtigen Akte genügten.

mancipium (-i n.) Gewalt an Sachen, die mittels **mancipatio** erworben wurden (auch: Herrschaft über durch Rechtsgeschäft erworbene Hauskinder)

Eine weitere wichtige Unterteilung ist jene in

res mobiles bewegliche Sachen (**mobilis**, -e: beweglich), Fahrnis

und

res immobiles unbewegliche Sachen = Grundstücke, Liegenschaften (**immobilis**, -e: unbeweglich); auch heute: Immobilien, Immobiliargüterrechte

Eine Einteilung, die auch das moderne Recht kennt, ist die Unterscheidung in vertretbare und nicht vertretbare Sachen

res quae pondere numero mensura consistunt
Sachen, die nach Gewicht (**pondus**, -eris n.), Zahl (**numerus**, -i m.) oder Maß (**mensura**, -ae f.) bestimmt werden (**consisto** 3, constiti: eigentlich sich aufstellen, auch: in oder aus etwas bestehen, feststehen), zB: Getreide, Baumwolle. Diese Sachen sind

res fungibiles vertretbare Sachen, es kommt nur auf die Gattungszugehörigkeit an (heute: fungible Sachen; Fungibilität). Vgl auch

genus (-eris n.) Gattung, Art

Der Gegenbegriff dazu ist

species (-ei f.) das individuelle Stück

Diese Unterscheidung ist vor allem im Schuldrecht wichtig:
Handelt es sich um eine Species-Schuld und geht dieses individuelle Stück unter, so wird der Schuldner in bestimmten Fällen befreit. Bei einer Genus-Schuld hingegen wird er gewöhnlich nicht frei. Vgl die Rechtsregel

genus non perit Die Gattung geht nicht unter (**pereo**, -ire, -ii, -iturus: vergehen, zugrundegehen, verderben, verlorengehen).

res quae usu consumuntur
verbrauchbare Sachen (zB Lebensmittel), wörtlich: Sachen, die durch den Gebrauch verbraucht werden (**usus**, -us m.: Gebrauch, Verwendung, Benützung; **qui**, **quae**, **quod**: der, die, das; wer, was, Relativpronomen; **consumo** 3, -sumpsi, -sumptus: aufbrauchen, vernichten). Vgl: konsumieren, Konsum

Zu unterscheiden von der ganzen Sache ist der Teil:

pars (partis f.) Teil, Anteil; Partei (vgl partiell, partizipieren)

pars pro diviso durch physische Teilung hergestellter Sachteil (**divido** 3, -visi, -visus: teilen, trennen; **pro**: Präp. + Abl.: für, gemäß), wörtlich: Teil nach/gemäß dem Geteilten. Dagegen ist die

pars pro indiviso ein bloß rechnerischer Anteil, eine Quote; wörtlich: Teil gemäß dem Ungeteilten (**indivisus**), zB Anteil bei einer Miteigentumsgemeinschaft (**communio** s S 81).

universitas rerum Sachgesamtheit (**universitas**, -atis f.: Gesamtheit): mehrere (auch rechtlich) selbständige Sachen bilden ein zusammengehöriges Ganzes (Bibliothek, Herde)

Pertinenz Zubehör (ABGB: Zugehör), Nebensache, die einer Hauptsache zugeordnet ist und ihrem Gebrauch dient; zB: Reserverad eines Kraftfahrzeuges (Wortstamm: **pertineo** 2, -ui: gehören, betreffen, angehen, sich beziehen auf), zB das

instrumentum fundi
Inventar eines Landgutes (**instrumentum** -i n.: Werkzeug, Gerätschaft, Zubehör; **fundus**, -i m.: Landgut, Grundstück, Boden)

fructus (-us m.) Frucht; auch Ertrag, Gewinn, Vorteil, Lohn, Erfolg, Genuß

fructus naturales „natürliche Früchte"; Sachen, die durch Bewirtschaftung aus anderen Sachen gewonnen werden, zB Feldfrüchte, tierische Produkte, Tierjunge, aber nicht der

partus ancillae das Kind einer Sklavin (**ancilla** -ae f.: Sklavin, Magd; **partus**, -us m.: Geburt, Leibesfrucht, Kind).

II. Abschnitt

fructus civiles „Zivilfrüchte"; zB Miet-, Pachtzins

Vom Eigentum an einer Sache streng zu unterscheiden ist der **Besitz**,

possessio (-onis f.) Besitz; körperliche Gewalt über eine Sache (**corpus**) mit dem Willen (**animus**), sie als die seine zu behalten, eine „gewollte, faktische Sachherrschaft". Im Gegensatz zum Vollrecht an einer Sache, dem Eigentum, ist der Besitz für die Römer nichts anderes als ein Faktum.

animus possidendi Besitzwille (**animus**, -i m.: Wille, Wunsch; **possideo** 2, -sedi, -sessus: besitzen; **possidendi**: Gerundium).

possessor (-oris m.) der Besitzer

malae fidei possessor
Besitzer „schlechten Glaubens", bösgläubiger Besitzer: jemand, der weiß, daß ihm die Sache nicht gehört (**fides**, -ei f.: Glaube, Redlichkeit; **malus** 3: schlecht)

bonae fidei possessor
Besitzer guten Glaubens. Er ist der Meinung, die Sache gehöre ihm (unabhängig davon, ob dies zutrifft oder nicht).

Oft spricht man von den Besitzern als

beati possidentes die „glücklichen Besitzenden" (**beatus** 3: glücklich; **possidens**, -entis: besitzend, Part. Präs. von **possideo** 2), da sie im Eigentumsprozeß immer die (bessere) Beklagtenposition haben, während der Kläger den oft schwierigen Eigentumsbeweis erbringen muß. Darauf bezieht sich auch der Satz

melior est condicio possidentis
Besser ist die Stellung des Besitzers (**melior**: Komparativ von **bonus** 3: gut; **condicio**, -onis f.: Bedingung, hier: Stellung, Stand, Lage).

Aber auch wer den Besitz einer Sache, die jemand im Eigentumsprozeß einklagen wollte, arglistig aufgegeben hatte, oder ihn arglistig vorspiegelte, um den Kläger irrezuführen, konnte als

fictus possessor fingierter (angenommener) Besitzer (**fingo** 3, finxi, fictus: hier sich vorstellen, denken, annehmen; vgl Fiktion o S 51) im Eigentumsprozeß verklagt und verurteilt werden. Es galt

dolus pro possessione est

Die Arglist steht für den Besitz (**dolus**, -i m.: die Arglist; **pro**: Präp. + Abl.: für).

Das römische Recht kennt mehrere Erscheinungsformen des Besitzes

possessio civilis Besitz nach **ius civile** (vgl S 26). Er erfordert neben der tatsächlichen Gewalt über die Sache (**corpus**) und dem Besitzwillen (**animus**) auch eine

iusta causa possessionis

einen Erwerbstitel, wörtlich: einen rechtmäßigen Grund für den Besitz, dh: Man muß die Sache aus einem rechtlich anerkannten Grund erworben haben, zB: Kauf, Schenkung (**causa**, ae f.: hier Grund; **iustus** 3: gerecht, rechtmäßig).

possessio ad interdicta

Interdiktenbesitz, Besitz nach **ius honorarium** (s S 27). Der Gerichtsmagistrat (Prätor) schützt hier gewisse Besitzer gegen eigenmächtige Eingriffe wie Entziehung oder Störung des Besitzes durch ein prozessuales Sonderverfahren (**interdictum**, -i n.: Verbot, prätorischer Bescheid; **interdico** 3, -dixi, -dictus: untersagen, verbieten).

Die Besitzinterdikte heißen **interdicta possessoria** und dienen dem Schutz des Besitzes. Die wichtigste Gruppe bilden die

interdicta prohibitoria

die prohibitorischen (verbietenden) Interdikte, bei denen der Prätor bei Besitzstörung oder Entziehung durch unerlaubte Eigenmacht jede weitere Gewaltanwendung untersagt (**prohibeo** 2, -ui, -itus: abhalten, abwehren, hindern, verhindern, verbieten). Die Interdikte werden hier nach dem Beginn ihres Wortlautes benannt:

interdictum uti possidetis

Interdikt „wie ihr besitzt“ zum Schutz des Besitzes an Grundstücken,

interdictum utrubi Interdikt „bei wem von beiden“ zum Schutz des Besitzes an beweglichen Sachen.

Geschützt wird der letzte fehlerfreie Besitzer (**iustus possessor**); fehlerhaft besitzt, wer gegenüber dem anderen

vi durch/mit Gewalt (Ablativ von **vis** f.: Kraft, Gewalt) oder

clam heimlich (Merkerleichterung: klammheimlich) besitzt.

Außerdem, wer eine Sache, die ihm auf Widerruf gegeben worden ist, die er also

precario „bittweise“ besitzt, nicht zurückgibt.

precarium (-i n.) „das Erbetene“ (von **precarius** 3: wünschend, bittend, bittweise erlangt; vgl auch **preces**, -cum f.: die Bitte); juristisch: die Bittleihe, das Prekarium. Hier erhält der Bittleiher (**Prekarist**) eine Sache auf jederzeitigen Widerruf des Gebers (**precario dans** [von **do**, dare dedi, datus: geben]) zum Gebrauch oder zur Nutzung; es wird als faktisches, nicht als vertragliches Verhältnis angesehen.

possessio vitiosa fehlerhafter Besitz (**vitiosus** 3: fehlerhaft, von **vitium**, -i n.: Fehler)

Die Interdikte schützen den, der den Besitz vom Gegner

nec vi, nec clam, ncc precario,
nicht gewaltsam, heimlich, bittweise erworben hat (**nec … nec** = **neque … neque**: weder/noch).

Die Interdikte, die zur Wiedererlangung des Besitzes dienen, heißen

interdicta restitutoria
restitutorische (wiederherstellende) Interdikte, da der Prätor hier die Restitution, die Wiederherstellung des vorherigen Zustandes, befiehlt (**restituo** 3, -ui, -utus: zurückversetzen, wiederhinstellen, wiedereinsetzen, wieder geben, wiederherstellen, ersetzen, „restituieren“; Substantiv: **restitutio**, -onis f.: Wiederherstellung).

Das Besitzstörungsverfahren wird noch heute als

Possessorium bezeichnet (s auch S 150).

Die tatsächliche Gewalt über eine Sache außerhalb der **possessio civilis** und der **possessio ad interdicta** nennt man

Detention Innehabung (**detentio**, -onis f.; vgl **detineo** 2, -tinui, -tentus: festhalten, innehaben). Der Detentor ist nicht Besitzer; ihm fehlt der Wille, die Sache als die seinige zu behalten (Besitzwille). Beispiel: Verwahrer einer Sache.

Bisweilen wird die **detentio** auch als

naturalis possessio
„natürlicher (**naturalis**, -e) Besitz" bezeichnet.

Das römische Recht kannte zunächst nur den Besitz an körperlichen Sachen (**res corporales**), erst später wurde eine

possessio iuris ein Rechtsbesitz, anerkannt.

Den Besitz erwirbt man heute wie im römischen Recht

corpore et animo durch Herstellen eines körperlichen Naheverhältnisses und den Besitzwillen (**corpus**, -oris n.: Körper, Person, Wesen, Ganzes, Gesamtheit; hier: körperliches Naheverhältnis, tatsächliche Gewalt; **animus**, -i m.: Wille, Wunsch, Verlangen; hier: der Wille, die Sache zu beherrschen; Ablativ).

Ausgedrückt wird dies durch den Satz

apiscimur possessionem corpore et animo, neque per se animo aut per se corpore
Wir erwerben den Besitz **corpore et animo** und nicht **animo** allein oder **corpore** allein (**apiscor** 3, aptus sum: erreichen, erlangen, erringen; **per se**: wörtlich: durch sich; sonst: an und für sich, von selbst; hier zu übersetzen: allein, nur durch). Der Besitz an einer Sache wird durch die Herstellung der tatsächlichen Gewalt über die Sache und den Willen, sie als die eigene zu behalten, erworben.

Von

originärem Erwerb
„ursprünglichem Erwerb" spricht man bei Herstellung der tatsächlichen Gewalt durch eigene Macht (**origo**, -inis f.: Ursprung). Wird der Besitz von einem Vormann übertragen, handelt es sich um

derivativen Erwerb
oder „abgeleiteten Erwerb" (**derivo** 1: ab-, wegleiten). Derivativer Besitzerwerb erfolgt bei körperlichen Sachen durch körperliche Übergabe oder

traditio (-onis f.) Übergabe in den Besitz, Besitzübertragung (**trado** 3, -didi, -ditus: hingeben, übergeben, überliefern; insbesondere eine Sache in die faktische Gewalt, in den körperlichen Besitz jemandes geben; auch:

überlassen, anvertrauen, erzählen). „**Tradition**" und „**tradieren**" (= übergeben) sind auch heute noch verwendete Rechtsbegriffe.

Als

longa manu traditio

„Übergabe durch die lange Hand" (**longus** 3: lang; **manus**, -us f.: Hand) bezeichnet man die Fälle einer nicht tatsächlichen Übergabe (da dies in einigen Fällen gar nicht richtig möglich wäre), wie zB das Zeigen eines Grundstückes aus der Ferne.

traditio per chartam

Übergabe durch eine Urkunde, in welcher das Recht an der Sache verbrieft ist (**per**: Präp. + Akk.: durch, mittels; **charta**, -ae f. [griech. Lehnwort]: beschriebenes Papier, Schrift, Urkunde).

In einigen Fällen spricht man auch von einem Besitzerwerb **solo animo**, also durch den bloßen Willen, die Sache zu besitzen (**solus** 3: allein, nur, bloß). Dies widerspricht jedoch nur dem ersten Anschein nach der **corpore et animo**-Regel, denn man verzichtet auch hier nicht auf ein gewisses körperliches Naheverhältnis. So bei der

brevi manu traditio

Übergabe kurzer Hand (**brevis**, -e: kurz; **manus**, -us f.: Hand). Hier hat der Erwerber die Sache schon bei sich, zB weil er sie verwahrt hat, ist aber nur ein Innehaber (Detentor). Wenn er die Sache nun kauft, braucht er sie nicht zuerst zurückzugeben, damit sie ihm dann noch einmal körperlich übergeben werden kann. Insofern kann man also sagen, er habe „**solo animo**" zu besitzen angefangen.

constitutum possessorium

„Besitzkonstitut" (**constitutum**, -i n.: Verabredung, Verfügung; **constituo** 3, -stitui, -stitutus: bestimmen, festsetzen, verabreden); Besitzübergang durch Erklärung, wobei der bisherige Besitzer Innehaber bleibt. Er verliert den Besitz **solo animo** durch Aufgabe des **animus possidendi** zugunsten des Erwerbers (zB: der Verkäufer einer Wohnung mietet diese zurück).

Das umfassendste Recht an einer Sache ist das Eigentum. Das römische Recht kennt dafür die Bezeichnungen

proprietas (-atis f.)

und

dominium (-i n.) die einer Person zustehende Herrschaft, das Eigentum nach **ius civile**, das römischen Bürgern vorbehalten war, deshalb auch

dominium ex iure Quiritium

„Eigentum nach dem Recht der römischen Bürger". Die Bezeichnung kommt vom alten Namen der römischen Bürger: **Quirites** (**Quiris**, -itis m.).

Daneben gibt es die Bezeichnung

in bonis esse/habere

im Vermögen haben/sein, im Genuß von Gütern sein (**bonum**, -i n.: das Gut, das Gute; **bona**: das Vermögen, Gesamtvermögen). Damit umschreibt man im älteren Recht va das vom Prätor geschützte Eigentum (bonitarisches Eigentum), das noch nicht die Voraussetzungen für den Schutz des **ius civile** hat, also noch nicht quiritisches Eigentum ist (zB bei formlosem Erwerb von **res mancipi**, s S 73). Daneben wird auch der Ersitzungsbesitz damit bezeichnet (vgl unten bei **usucapio**).

Eigentum an einer Sache kann auch mehreren Personen zustehen. Man spricht dann von

condominium Miteigentum (**cum**: mit + **dominium**) oder

communio pro indiviso

Miteigentum nach Bruchteilen; wörtlich: Gemeinschaft im Verhältnis des Ungeteilten (Anteils). Jeder Gemeinschafter kann nicht über die ganze Sache, sondern nur über seinen rechnerischen Anteil (**pars pro indiviso**, s S 75) verfügen (**communio**, -onis f.: Gemeinschaft, insbes die ohne einen Gesellschaftsvertrag begründete Gemeinschaft dinglicher Rechte; **communis**, -e: gemeinschaftlich, öffentlich, allgemein; vgl heute: kommunal, kommun; **indivisus** 3: ungeteilt; **pro**: Präp. + Abl.: für, gemäß, verhältnismäßig). Vgl auch

communio incidens

(zufällig) zusammentreffende Gemeinschaft (**incido** 3, -cidi: zusammentreffen, sich ereignen, vorfallen, hineingeraten), zB bei Miterben. Mit der

actio communi dividundo,

der Teilungsklage (wörtlich: Klage zur Teilung des Gemeinsamen), kann jeder Gemeinschafter die Aufhebung des Miteigentums und Zuweisung von Alleineigentum verlangen (**dividundus** 3: Gerundiv zu **divido** 3, -visi, -visus: teilen, trennen, sondern).

In Frage kommt

Realteilung tatsächliche, körperliche Teilung (**realis**, -e: wirklich) oder

Zivilteilung Veräußerung und Verteilung des Erlöses.

adiudicatio, (-onis f.)
Zuweisung des Alleineigentums durch Gestaltungsurteil des Richters im Teilungsverfahren (**adiudico** 1: richterlich zuerkennen).

Auch im römischen Recht wurde die Ausübung des Eigentumsrechts im Interesse des „Nachbarn" eingeschränkt, indem man von vornherein gewisse Kollisionsfälle, die sich zwischen Nachbarn ergeben können, regelte. Wichtige Beispiele dafür sind:

immissio (-onis f.) das Hineinlassen, Wachsenlassen (**immitto** 3, -misi, -missus: hineingehen lassen, eine Sache wohin eindringen lassen, einen flüssigen Körper wohin leiten, fließen lassen); deshalb **immissio** hier: das Zuführen von nicht faßbaren Stoffen wie Wasser, Rauch, Gase, Gerüche usw auf das Nachbargrundstück; auch heute: Immission. Sie muß geduldet werden, wenn sie das ortsübliche Maß nicht überschreitet. Ansonsten stehen dem beeinträchtigten Grundeigentümer zur Abwehr der unrechtmäßigen Immission die Rechtsbehelfe des Besitzschutzes bzw die Eigentumsfreiheitsklage zu.

cautio damni infecti
„Sicherheitsversprechen für noch nicht eingetretenen Schaden". Dieses mußte der Grundeigentümer etwa leisten, wenn sein einsturzgefährdetes Haus den Nachbarn bedrohte. (**cautio**, -onis f.: Sicherstellung; heute: Kaution = Sicherheitsleistung; **damnum**, -i n.: Schaden, Einbuße; **infectus** 3: ungetan, ungeschehen). Die Verweigerung der Kautionsleistung konnte zur Einweisung in die Detention oder den Besitz des gefährdenden Grundstückes durch den Prätor führen (**missio in possessionem**).

operis novi nuntiatio
privates Bauverbot (wörtl.: Verbot eines neuen Werkes). Dies konnte der Grundstücksnachbar, der durch fremde Bauführung beeinträchtigt wurde, erlassen (**opus**, -eris n.: Werk; **novus** 3: neu; **nuntiatio**, -onis f.: Verbot, von **nuntio** 1: melden, anzeigen, auch verbieten). Bei Weiterbau ohne Aufhebung des Bauverbots konnte man mittels

interdictum demolitorium

die Beseitigung des Baus verlangen (**demolior** 4: abreißen, zerstören).

Auch beim Eigentumserwerb spricht man von **derivativem** (abgeleitetem) und **originärem** (ursprünglichem) **Erwerb** (s o S 79). Die Übertragung des Eigentums wird zuweilen bezeichnet als

dominium transferre

(**transfero**, -ferre, -tuli, -latus: hinübertragen, -bringen, -schaffen; übertragen; vgl heute: transferieren).

Bei der Eigentumsübertragung gilt der Grundsatz

nemo plus iuris ad alium transferre potest quam ipse habet

Niemand kann mehr Recht auf einen anderen übertragen als er selbst hat (**nemo** m.: niemand, keiner; **plus**, pluris n.: mehr; **ad**: Präp. + Akk.: zu, an; **alius**, alia, aliud: ein anderer; **potest**: er, sie, es kann, von **posse** = können; **quam**: wie, als [relativ]; **ipse**, ipsa, ipsum: selbst; **habeo** 2, -ui, -itus: halten, tragen, führen, haben).

Die Eigentumsübertragung kann förmlich oder formfrei vorgenommen werden. Das römische Recht kennt zwei Geschäfte für die förmliche Übertragung: Die

mancipatio wurde schon erwähnt (s S 48). Das zweite Übereignungsgeschäft ist die

in iure cessio die Abtretung vor Gericht (**cessio**, -onis f.: die Abtretung; **cedo** 3, cessi: abtreten, überlassen, einräumen, zugestehen; **in iure**: vor Gericht; vgl S 20).

Bei der **in iure cessio** behauptete derjenige, dem die Sache übertragen werden sollte, vor dem Prätor, er sei Eigentümer der Sache, und der wirkliche Eigentümer erkannte dies an.

Die formfreie Übergabe heißt – wie beim Besitzerwerb –

traditio, sie führt zum Eigentumserwerb, wenn sie aufgrund einer

iusta causa geschieht, einem Rechtsgrund, der die Zuwendung des Eigentums rechtfertigt (zB ein Kaufvertrag, nicht aber Übergabe zur Leihe oder Miete; **causa**, -ae f.: hier Grund; **iustus** 3: gerecht, rechtmäßig). Diese **iusta causa** nennt man auch

titulus (-i m.) Titel, hier: Grund, Rechtsgrund.

II. Abschnitt

Das moderne (österreichische) Recht verlangt zur Eigentumsübertragung grundsätzlich Titel und Erwerbungsart (**titulus** und **modus**, sog. Zweiaktigkeit des sachenrechtlichen Erwerbs). Die Erwerbungsart (Besitzübertragung) bezeichnet man als

modus adquirendi Akt der rechtlichen Erwerbung (**modus**, -i m.: Art, Weise; **adquiro** 3, -quisivi, -quisitus: erwerben; **adquirendi**: des Erwerbens, Gerundium). Dieser besteht bei beweglichen Sachen in der Übergabe (**traditio**), bei unbeweglichen Sachen in der

Intabulation Eintragung ins Grundbuch, Einverleibung (**tabula**, -ae f.: Schreibtafel, Urkunde; **tabularium**, -i n.: Archiv)
Hier gilt das

Prioritätsprinzip (**prior**, -ius: der frühere): Nach dem Grundsatz

prior tempore potior iure
(wörtlich: früher in der Zeit, stärker im Recht) ist der zeitlich Frühere (der zuerst Eingetragene) auch der rechtlich Stärkere (**potior**, -ius: Komparativ von **potis**, -e: vermögend, stark).

Das österreichische Recht steht somit auf dem Standpunkt der

„kausalen Tradition“,
da ein Titel, eine **iusta causa** gefordert wird. Andere Rechtsordnungen begnügen sich mit dem bloßen Erwerbsakt, der **traditio**, stehen also auf dem Standpunkt der

„abstrakten Tradition“,
wie etwa das deutsche BGB (**abstraho** 3, -traxi, -tractus: entfernen, trennen, abhalten).

Originärer (ursprünglicher) **Eigentumserwerb**
liegt vor, wenn der Erwerb von einem Vormann unabhängig ist (**origo**, -inis f.: Ursprung). Originäre Erwerbsarten sind:

usucapio (-onis f.) Ersitzung (wörtlich: Ergreifen, Erwerben durch Gebrauch; **capio** 3, cepi, captus: ergreifen; **usus**, -us m.: Gebrauch, Verwendung): Eigentumserwerb an einer Sache, die zwar redlich erworben wurde, deren Eigentümer man aber nicht geworden ist, durch Zeitablauf (vgl die **nemo-plus-iuris**-Regel, o S 83). Die Ersitzung bedarf bestimmter Voraussetzungen, die man in Form eines Hexameters (klassische Versform mit sechs Hebungen) angeben kann:

rés habilís titulúsque fidés posséssio témpus

res habilis wörtlich: taugliche Sache (**habilis**, -e: geeignet, passend); hier: ersitzungsfähige Sache (das heißt: nicht gestohlen, nicht geraubt ua)

titulus (que) Titel oder **iusta causa** (rechtmäßiger Grund): ein Rechtsgrund, der den Eigentumserwerb rechtfertigt, zB Kauf, Schenkung (-**que** = **et** = und)

fides genauer: **bona fides** (**fides**, -ei f.: Treue, Redlichkeit), wörtlich: die gute Treue, hier bedeutet es Redlichkeit, Gutgläubigkeit. Meist sagt man, der Erwerber muß **bona fide** = gutgläubig sein (Ablativ); das bedeutet, er muß zum Zeitpunkt des Erwerbs geglaubt haben, er bekomme die Sache vom Berechtigten.

Im römischen Recht galt die Regel

mala fides superveniens non nocet
überholender (= nachträglicher) schlechter Glaube schadet nicht (**malus** 3: schlecht; **supervenio** 4, -veni, -ventus: dazukommen, darüberkommen; **noceo** 2, -cui, -citum: schaden, schädigen, hinderlich sein). Bedeutung: Erfährt der gutgläubige Erwerber nach der Übergabe, daß sein Vormann nicht Eigentümer war, hindert das die Ersitzung nicht (anders im geltenden Recht).

possessio Besitz

tempus (-oris n.) Zeit; gemeint ist der Ablauf der Ersitzungsfrist

Eine

longi temporis praescriptio
„Einrede der langen Zeit"; Verschweigungseinrede (auch: **exceptio longae possessionis**: Einrede des langen Besitzes) wurde ursprünglich für Provinzialgrundstücke eingeführt. Mit ihr konnte man sich bei Vorhandensein einer **iusta causa possessionis** (s o) nach Ablauf von 10 bzw 20 Jahren gegen die Klage des Eigentümers schützen (**praescriptio**, -onis f.: Voranstellung, vorangestellter Satz, Begrenzung, Einschränkung, hier: um einen Einwand des Beklagten der richterlichen Prüfung zuzuführen, ähnlich der **exceptio**, s o S 47).

Originär erwirbt man das Eigentum auch durch

occupatio (-onis f.) Aneignung herrenloser Sachen, wörtlich: Besetzung, Besitznahme, Inanspruchnahme (heute: Okkupation, okkupieren, s auch S 177). Okkupiert werden können

II. Abschnitt

res nullius herrenlose Sachen, Sachen, die in niemandes Eigentum stehen (**res**, rei f.: Sache; **nullus**: niemand, **nullius**: Genetiv). Heute: freistehende Sachen, sowie

res derelictae preisgegebene, „derelinquierte" Sachen (**derelinquo** 3, -liqui, -lictus: ganz verlassen, im Stich lassen, aufgeben, zurücklassen): Sachen, die der bisherige Eigentümer aufgegeben hat; **Dereliktion**: Eigentumsaufgabe.

Verborgene Sachen von Wert, deren Eigentümer nicht mehr ermittelbar ist, nennt das römische Recht (nach einem griechischen Terminus)

thesaurus oder **thensaurus (-i m.)**
Schatz. Auch an ihm wird originär Eigentum erworben, zwischen Finder und Grundeigentümer wird er im römischen Recht geteilt.

Originär ist der Eigentumserwerb auch an Früchten (**fructus**). Sie fallen regelmäßig dem Eigentümer der fruchttragenden Sache zu. Ist jedoch ein anderer berechtigt, die Früchte zu ziehen (zB ein Pächter eines Grundstückes), so gibt es grundsätzlich zwei Möglichkeiten bezüglich des Zeitpunktes des originären Erwerbs, den der

Separation Trennung der Frucht von der Muttersache (**separo** 1: sondern, scheiden, trennen; **separatio**, -onis f.: die Trennung). „Separationserwerb": Eigentumserwerb, wenn die Frucht von der Muttersache getrennt wird (Beispiel: Apfel fällt vom Baum)

oder den der

Perzeption Ergreifung der Früchte (**percipio** 3, -cepi, -ceptus: ergreifen, in Besitz nehmen; **perceptio**, -onis f.: das Einsammeln). „Perzeptionserwerb": Eigentumserwerb zum Zeitpunkt der Inbesitznahme.

Schließlich kann Eigentum originär erworben werden, wenn Sachen verschiedener Eigentümer zufällig miteinander verbunden werden und einer von ihnen dadurch Alleineigentümer wird. Der zentrale Begriff dafür ist

accessio (-onis f.) Zuwachs, das Hinzukommen (**accedo** 3, -cessi, -cessum: hinzukommen); hier vor allem: die Verbindung von Sachen verschiedener Eigentümer.

Der Grundsatz

accessio cedit principali
„Der Zuwachs fällt der Hauptsache zu", gilt bei der zufälligen Verbindung beweglicher Sachen verschiedener Eigentümer zu einer

einheitlichen Sache. Hier erwirbt jener Eigentümer, dessen Sache wesentlicher am Endprodukt beigetragen hat, das Alleineigentum. (**cedo** 3, cessi: weichen, weggehen, zufallen, zuteil werden). Beispiel: Ein Stuhl wird mit fremder Farbe gestrichen.

confusio (-onis f.) nennt man die Vermischung von Flüssigkeiten (vgl S 121 zur Bedeutung im Schuldrecht),

commixtio (-onis f.) die Vermengung von festen Stoffen wie Getreide; **commixtio nummorum**: Geldvermengung (**nummus**, -i m.: Münze). Bei

alluvio (-onis f.) Landanschwemmung durch Flüsse (auch bei **avulsio**: Anschwemmung von Erdschollen) erwirbt der Grundeigentümer Eigentum.

Bei der Verbindung beweglicher Sachen mit einem fremden Grundstück gilt der Grundsatz

superficies solo cedit

Der Überbau fällt dem Boden zu (**superficies**, -ei f.: Oberbau, Gebäude, Oberfläche; **solum**, -i n.: der Boden, Grund; **cedo** 3, cessi: s o). Alles, was mit dem Boden verbunden wird, geht im Grundeigentum auf und teilt dessen rechtliches Schicksal. Dies gilt auch für das Säen (**satio**) und Anpflanzen (**implantatio**) auf fremdem Grund. Wird auf fremdem Grund gebaut, steht im römischen Recht nur gutgläubigen Bauführern eventuell ein Ersatz für die Aufwendungen (**impensae**) oder ein Wegnahmerecht (**ius tollendi**) zu, das Eigentum am Haus fällt dem Grundeigentümer zu.

Von diesem Grundsatz nicht betroffen sind die modernrechtlichen

Superädifikate Überbauten, die auf fremdem Grund errichtet werden, in der Absicht, daß sie dort nicht ständig bleiben, zB Schrebergarten-, Praterhütten usw (**aedificium**, -i n.: Gebäude; **super**: über).

Strittig war im römischen Recht, ob der Verarbeiter fremden Materials (**materia**, -ae f.) durch die

specificatio (-onis f.)

Verarbeitung, (von **novam speciem facere**: eine neue Sache machen) originär Eigentum erwerben könne. Der Ansicht, daß durch die Verarbeitung eine neue Sache (**novam speciem**) entstehen würde, die der Verarbeiter okkupieren könne, widersprachen die Gegner mit dem Argument, daß das Material weiter bestehen bleibe (**materia manet; maneo** 2 mansi, mansum: verbleiben, dauern).

II. Abschnitt

Die Klage zur Geltendmachung des Eigentumsrechts war im römischen Recht die

rei vindicatio „Vindikation der Sache". Der Name kommt vom altertümlichen Prozeßritual, bei dem der Eigentümer als Kläger vor dem Gerichtsmagistrat die mitgebrachte Sache mit einem Stab (**festuca, vindicta**) berühren und dazu vorgegebene Wortformeln sprechen mußte. Diesen Vorgang nannte man **vindicatio** (**vindico** 1: beanspruchen, sich zuschreiben; **vindex**, -icis m./f.: Eingreifer, Schützer); die (ebenso förmliche) Gegenbehauptung des Beklagten hieß **contravindicatio**. Auch im geltenden Recht wird die Eigentumsklage als **rei vindicatio** oder

Vindikation bezeichnet.

vindizieren die Eigentumsklage anstellen, eine Sache mit der Eigentumsklage herausverlangen

Quantitätsvindikation
Klage des Eigentümers, dessen Sachen mit den gleichartigen Sachen eines anderen ununterscheidbar vermengt sind, auf seinen Anteil. Im römischen Recht

vindicatio pro parte
Vindikation auf (gemäß) seinen (m) Anteil (**pars**, partis f.: Teil). Der Prozeß über eine Vindikation heißt

Petitorium (im Gegensatz zu **Possessorium**; s S 78). Vgl dazu S 150.

Daneben existiert im römischen Recht wie heute eine

actio Publiciana „publizianische Klage": Klage aus dem rechtlich vermuteten Eigentum (mit geringeren Beweiserfordernissen).

Im römischen Recht mußte der Prätor den Beklagten manchmal zwingen, die Streitsache vor Gericht vorzuweisen. Dies geschah mit der

actio ad exhibendum
Klage auf Vorweisung (**exhibeo** 2, -bui, -bitus: herausgeben, ausliefern, vorweisen; **ad**: Präp. + Akk.: zu, in bezug auf).

Wird der Eigentümer dadurch gestört, daß ein anderer ein Recht an seiner Sache behauptet (zB eine Servitut), so kann der Eigentümer eine

actio negatoria anstellen (**nego** 1: verneinen, leugnen): „Verneinungsklage". Der Eigentümer verneint den Bestand einer Servitut und behauptet die Eigentumsfreiheit, deshalb heute: Eigentumsfreiheitsklage.

Vor allem bei formlosem Erwerb einer **res mancipi** wurde dem Beklagten im römischen Eigentumsprozeß auch eine besondere Einrede zugestanden, die

exceptio rei venditae et traditae
Einrede der verkauften und tradierten (übergebenen) Sache (**vendo** 3, -didi, -ditus: verkaufen; **trado** 3, -didi, -ditus: übergeben).

Andere Sachenrechte neben dem Eigentum sind die

iura in re aliena Rechte an fremder Sache, heute: beschränkte dingliche Rechte (**res**, rei f.: Sache; **alienus** 3: fremd): absolute Rechte mit beschränktem Inhalt an Sachen, die im Eigentum eines anderen stehen. Die wichtigste Gruppe ist die der

Servituten oder Dienstbarkeiten (**servitus**, -utis f.; **servio** 4: dienen, belastet sein). Hier muß der Eigentümer der belasteten Sache (meist Grundstück) regelmäßig eine bestimmte Einwirkung des Berechtigten dulden oder eine bestimmte eigene Einwirkung unterlassen. Die Belastung liegt auf der Sache, ein Eigentümerwechsel ändert an der Rechtsstellung des Berechtigten nichts.

Zu unterscheiden sind Realservituten und Personalservituten:

Realservituten oder

iura praediorum Grunddienstbarkeiten (wörtlich: Rechte an Grundstücken; **praedium**, -i n.: Grundstück). Hier ist sowohl die Berechtigung als auch die Verpflichtung an ein Grundstück, also eine Sache (**res**) gebunden, der jeweilige Eigentümer des „herrschenden" Grundstücks (**praedium dominans**) kann das Recht gegenüber dem „dienenden" Grundstück (**praedium serviens**) ausüben. Zweck dieser Servituten ist die bessere Nutzung des herrschenden Grundstücks.

iura praediorum rusticorum
Rechte an ländlichen Grundstücken oder Feldservituten (**rusticus** 3: ländlich; vgl rustikal). Die wichtigsten Rechte aus dieser Gruppe sind

iter (itineris n.) wörtlich: Weg, Straße; hier: das Recht des Fuß- und Reitweges, das Recht, über ein fremdes Grundstück gehen und reiten zu dürfen

II. Abschnitt

via (-ae f.) wörtlich: Straße; hier: das Recht, über ein fremdes Grundstück zu fahren

actus (-us m.) „Viehtrift“, das Recht, sein Vieh über das fremde Grundstück zu treiben

aquae ductus das Recht, eine Wasserleitung über ein fremdes Grundstück zu führen (**aqua**, -ae f.: Wasser; **ductus**, -us m.: Führung, Leitung)

iura praediorum urbanorum
Rechte an städtischen Grundstücken oder Gebäudeservituten (**urbanus** 3: städtisch; vgl **urbs**, urbis f.: die Stadt). Beispiele:

servitus oneris ferendi
die Servitut der zu tragenden Last; gemeint ist das Recht, sein Haus am Nachbargebäude abzustützen (**onus**, oneris n.: die Last; **fero**, ferre, tuli, latus: tragen)

servitus altius non tollendi
Servitut des Nichthöherbauens, dh auf dem belasteten Grundstück darf kein höheres Gebäude errichtet werden, als das auf dem berechtigten Grundstück befindliche Bauwerk (**altius**: Komparativ des Adverbs zu **altus** 3: hoch; **tollo** 3, sustuli, sublatus: aufheben, in die Höhe heben, aufrichten)

Personalservituten persönliche Dienstbarkeiten, unterscheiden sich von Realservituten dahingehend, daß hier die Berechtigung nicht an einem Grundstück hängt, sondern einer individuell bestimmten Person zusteht.

Das wichtigste Recht dieser Gruppe ist der

ususfructus (-us m.)
das höchstpersönliche Recht, eine fremde Sache zu gebrauchen und von ihr Früchte zu ziehen unter Schonung der Substanz. Als höchstpersönliches Recht erlischt es mit dem Tod des Berechtigten (**usus**, -us m.: Gebrauch, Benutzung; **fructus**, -us m.: Frucht).
Heute: Nießbrauch, Fruchtnießung, Nutznießung, Fruchtgenuß.
Dem Eigentümer der belasteten Sache stehen keinerlei Nutzungsrechte zu, er kann aber vom Berechtigten eine Sicherheitsleistung (**cautio usufructuaria**) verlangen.
Der Berechtigte heißt

Usufruktuar Fruchtnießer

usus Gebrauchsrecht an einer Sache für den persönlichen Bedarf (beschränkter als **ususfructus**; **usus**, -us m.: Gebrauch). Der Berechtigte heißt

Usuar

habitatio (-onis f.) „Servitut der Wohnung", dingliches Wohnungsrecht (**habito** 1: wohnen)

Legalservituten sind keine eigentlichen (rechtsgeschäftlich errichteten) Dienstbarkeiten, sondern Eigentumsbeschränkungen, die sich bereits aus dem Gesetz (**legal**: gesetzlich) ergeben (vgl zB § 33 ForstG: Wald darf zu Erholungszwecken von jedermann betreten werden).

Einige Grundsätze des Servitutenrechts:

servitus in faciendo consistere nequit

Eine Servitut kann nicht im Handeln bestehen (**consisto** 3, -stiti: bestehen; **nequeo**, -ire, -ivi, -itum: nicht können; **faciendo**: Gerundium von **facio** 3, feci, factus: tun, handeln). Servituten können nur in einem Dulden oder Unterlassen, nie in einem positiven Tun bestehen. Dem römischen Recht war eine dingliche Belastung mit wiederkehrenden Leistungen noch fremd. Die sog. Reallast ist eine deutschrechtliche Einführung.

servitus est civiliter exercenda

Eine Servitut muß schonend ausgeübt werden (**exerceo** 2, -ui, -itus: ausüben; **exercendus**: ein auszuübender, Gerundiv; **civiliter**: Adv. von **civilis**, -e, auch: gutgesinnt, schonend).

In dieselbe Richtung geht auch der Grundsatz

servitus servitutis esse non potest

Es kann keine Dienstbarkeit an einer Dienstbarkeit geben.

nemini res sua servit

Niemandem dient die eigene Sache. Eine Servitut an eigenen Sachen ist (juristisch) nicht möglich (**servio** 4: dienen, Sklave sein; **nemini**: Dativ von **nemo** m.: niemand, keiner). Nach dieser Regel erlischt das beschränkte dingliche Recht bei

Konsolidation Vereinigung des Eigentums an herrschender und dienender Sache in der Hand einer Person. Wörtlich: Festigung (**consolidatio**, -onis f.)

utilitas (-atis f.) Nützlichkeit; das berechtigte Grundstück muß Nutzen aus der Servitutsausübung ziehen können.

servitus praedio utilis esse debet
Die Dienstbarkeit muß dem (herrschenden) Grundstück nützlich sein. Daraus ergibt sich bei den Grunddienstbarkeiten die Notwendigkeit der

vicinitas (-atis f.) Nachbarschaft, räumliche Nähe von „herrschendem" und „dienendem" Grundstück

perpetua causa „ständige Angelegenheit" (**perpetuus** 3: fortlaufend), dh eine dauernde Ausübung muß möglich sein.

Die Klage des Servitutsberechtigten war im römischen Recht die

vindicatio servitutis oder **ususfructus,** allgemein Feststellungsklage**:**

actio confessoria (**confiteor** 2, confessus sum: bekennen, eingestehen, anerkennen).

Untergehen kann die Servitut durch

usucapio libertatis „Freiheitsersitzung" (**libertas**, -atis f.: Freiheit; **usucapio**: s S 84), eigentlich Verjährung: Erlöschen der Dienstbarkeit durch Nichtgebrauch während einer gesetzlich bestimmten Zeit.

Zu den beschränkten dinglichen Rechten gehört auch das Pfandrecht, das zur Sicherung einer Forderung dient. Es gibt dem Gläubiger das Recht, sich bei Nichterfüllung aus einem bestimmten Vermögensstück des Schuldners (Pfandsache) zu befriedigen.

pignus (-oris n.) Pfandsache, Pfandgegenstand

pignus datum das „hingegebene" Pfand (**do**, dare, dedi, datus: geben), das Pfand, das dem Gläubiger übergeben wird (Faustpfand). Die Einräumung eines Pfandrechtes ist jedoch auch ohne Übergabe möglich; in diesem Fall spricht man von

pignus obligatum (**obligo** 1: verpflichten, binden) oder

hypotheca (-ae f.) „besitzloses Pfand", Hypothek (griech. Lehnwort)

Gegenstand eines Pfandrechts können alle verkehrsfähigen, verwertbaren Sachen sein (auch **res incorporales**, wie zB Forderungen). Sonderfälle sind

pignus pignoris oder **subpignus**
Afterpfand oder Unterpfand = Verpfändung eines Pfandrechts (wörtlich: Pfand des Pfandes; **sub**: unter)

pignus irregulare „unregelmäßiges“ Pfand (**irregularis**, -e), besonders an Geld. Der Pfandnehmer erwirbt an den Geldstücken nicht bloß ein Pfandrecht, sondern Eigentum und hat nicht dieselben Geldstücke, sondern den entsprechenden Betrag zurückzugeben. Diese Form bezeichnet man als

Barkaution (**cautio**, -onis f.: Sicherstellung, Kaution; s auch S 103)

Werden mehrere Liegenschaften als Pfand für eine Forderung bestellt, spricht man von einer

Simultanhypothek (**simul** adv.: gleichzeitig, unter einem; **simultaneus** 3: gemeinsam, gleichzeitig)

Das Pfandrecht untersteht grundsätzlich dem Prinzip der

Akzessorietät = Abhängigkeit. Es ist ein „hinzugekommenes“ Recht (**accedo** 3, -cessi, -cessum: herankommen, dazu-, hinzukommen, beitreten) und ist daher vom Bestand der gesicherten Forderung abhängig. Erlischt sie, so erlischt auch das Pfandrecht.

Weitere Grundsätze sind

Spezialität das Pfandrecht muß an bestimmten, einzelnen Gegenständen begründet werden (**specialis**, -e: besonders).

Nur das römische Recht kannte eine

Generalhypothek Pfandrecht an einem ganzen Vermögen (**generalis**, -e: allgemein)

Priorität Grundsatz des zeitlichen Zuvorkommens (**prior**, -us: der frühere); wird eine Sache mehrfach verpfändet, so stehen die Pfandrechte nach der Reihenfolge ihres Zustandekommens in einer Rangfolge. Es gilt auch hier der (schon bekannte) Satz

prior tempore potior iure
Der Erste in der Zeit ist der Stärkere im Recht (s S 84).

Der nachrangige Pfandgläubiger hat das

ius offerendi et succedendi

Recht des Anbietens und Nachfolgens, dh er kann die vorrangige Forderung befriedigen und in deren Rechte eintreten (**offero**, -ferre, obtuli, oblatus: anbieten; **succedo** 3, -cessi, -cessum: nachrücken, nachfolgen; jeweils Gerundium).

Bezahlt der Schuldner nicht, kann sich der Gläubiger aus der Pfandsache befriedigen. Dafür wurde in Rom regelmäßig ein Pfandverkauf mittels

pactum de vendendo

Verkaufsabrede vereinbart (**pactum** s S 49; **vendo** 3, -didi, -itus: verkaufen, hier: Gerundium).

Beträgt der Erlös mehr als die Forderung des Gläubigers, entsteht ein

superfluum oder **hyperocha**

Überfluß, Übererlös (**super**: adv. darüber hinaus; **fluo** 3, fluxi: fließen; **hyperocha**: griech. Lehnwort), der an den Schuldner zurückgeht.

Das

residuum hingegen ist die Restforderung des Gläubigers, wenn zu wenig erlöst wird (**residuus** 3: zurückbleibend).

Für den Schuldner ungünstig sein konnte die Vereinbarung einer

lex commissoria Verfallsabrede (**lex**: hier **lex contractus** = Vertragsklausel, s S 28; **committo** 3, -misi, -missus: auch zum Verfallen bringen, verwirken)

Die Pfandrechtsklage heißt

actio pigneraticia oder **vindicatio pignoris**

(**pigneraticius** 3: adj. zu **pignus; vindicatio**: s S 88).

Das österreichische Recht gewährt dem Pfandgläubiger eine

Devastationsklage auf Unterlassung von Einwirkungen, die die Sicherheit des Pfandrechts oder den Wert der Pfandsache beeinträchtigen (**devasto** 1: verwüsten).

Ebenfalls der Gläubigersicherung diente im römischen Recht die

fiducia cum creditore contracta

„mit dem Gläubiger geschlossenes Treuhandgeschäft" = treuhänderische Eigentumsüberlassung an den Gläubiger (**fiducia**, -ae f.: Vertrauen, Sicherheit; juristisch: Treuhandgeschäft; **creditor**, -oris m.: Gläubiger; **cum**: Präp. + Abl.: mit; **contrahere**: s S 49). Zur Sicherung einer Forderung überträgt der Schuldner dem Gläubiger (hier: Fiduziar) das Eigentum an einer Sache mit der Vereinbarung (**pactum fiduciae**: Treuabrede) der Rückübereignung bei Tilgung der gesicherten Forderung. Heute: Sicherungsübereignung

fiducia cum amico contracta

„mit dem Freund geschlossenes Treuhandgeschäft", ist das Treuhandgeschäft im engeren Sinn (**amicus**, -i m.: Freund).

Ähnlichkeit mit den dinglichen Rechten haben die

Immaterialgüterrechte

Rechte an geistigen Produkten (**materia**, -ae f.: Stoff, Material; Immaterialgüter: „nichtstoffliche" Güter), wie zB Urheber- oder Patentrechte.

II. Abschnitt

4. Kapitel: Begriffe aus dem Schuldrecht

Das Schuldrecht befaßt sich mit Rechtsverhältnissen, aus denen „eine Person einer anderen zu einer Leistung verbunden ist“ (vgl § 859 ABGB). Es stehen sich regelmäßig zwei Personen gegenüber, von denen die eine (der Schuldner) verpflichtet ist, der anderen (dem Gläubiger) eine Leistung zu erbringen. Der Gläubiger kann nur vom Schuldner fordern, der Schuldner braucht nur an den Gläubiger zu leisten. Die Wirkung des Schuldverhältnisses (im römischen Recht als „**vinculum iuris**“, als Rechtsband bezeichnet) beschränkt sich auf die beteiligten Personen, man spricht bei Schuldrechten deshalb von „relativen Rechten“. Durchgesetzt werden sie im römischen Recht mit **actiones in personam** (vgl o S 46).

Der zentrale Begriff ist

obligatio (-onis f.) das Gebundensein, die Verpflichtung; das Schuldverhältnis zwischen Schuldner und Gläubiger, die Verbindlichkeit des Schuldners (**obligo** 1: binden, verbinden, verpflichten). Heute: Obligation

Obligationenrecht Schuldrecht

obligieren verbindlich machen, verpflichten

obligatorisch verbindlich, verpflichtend, vorgeschrieben (vgl dagegen **fakultativ**: möglich, erlaubt; von **facultas**, -atis f.: Möglichkeit, Gelegenheit)

Die Parteien des Schuldverhältnisses heißen

creditor (-oris m.) Gläubiger (**credo** 3, -didi, -ditus: glauben, anvertrauen, borgen; **creditum**, -i n.: Schuld, Darlehen, „das Anvertraute“). Davon heute: Kredit, kreditieren

und

debitor (-oris m.) Schuldner (**debeo** 2, -bui, -bitus: schulden, schuldig sein; auch: müssen; **debitum**, -i n.: Schuld). Vgl heute: Debet: Soll, Schuld (in der Buchführung).

Besondere Obligationsformen sind

obligatio alternativa

Alternativobligation oder Wahlschuld; der Schuldner schuldet dem Gläubiger mehrere Leistungen, aber so, daß er nur eine davon zu erbringen hat (**alterno** 1: abwechseln, etwas abwechselnd erwägen; davon heute: Alternative, alternieren, alternativ).

Eine ähnliche Rechtsfigur ist die

facultas alternativa
Ersetzungsbefugnis (die „alternative Möglichkeit"; **facultas**, -atis f.: Möglichkeit); der Schuldner schuldet nur eine Leistung, hat aber das Recht, sich durch eine bestimmte andere Leistung zu befreien.

obligatio naturalis Naturalobligation (**naturalis**, -e: natürlich): Forderung, die nicht durchsetzbar ist. Der Schuldner kann zwar leisten, der Gläubiger kann die Forderung jedoch nicht klageweise durchsetzen (Beispiel: Spielschulden).

Stehen einem Gläubiger mehrere Schuldner bezüglich ein und derselben Schuld gegenüber, so gibt es zwei Möglichkeiten: entweder hat jeder einen Anteil zu leisten, oder jeder schuldet das Ganze. Im letzteren Fall spricht man von einer

Solidarschuld (**solidum**, -i n.: das Ganze; **solidus** 3: ganz, vollständig). Jeder Schuldner kann auf das Ganze (**in solidum**) in Anspruch genommen werden, hat einer geleistet, werden alle frei. Gleichbedeutend ist die Bezeichnung

Korrealschuld oder **Korrealität**
(von **conreus** = Mit-Schuldner; **reus**, rea: angeklagt, schuldig).

Hat einer der Solidarschuldner bezahlt, so kann er regelmäßig gegen die anderen

Regreß = Rückgriff nehmen (**regressus**, -us m.: Rückgang; **regredior** 3, regressus sum: zurückgehen); vgl auch: regressieren.

Bei teilbaren Forderungen gilt heute im Zweifel der Satz

nomina sunt ipso iure divisa
Forderungen (**nomen**, -inis n.: Name; auch: Forderung) sind **ipso iure** (durch das Recht selbst, von Rechts wegen) geteilt (**divido** 3, -visi, -visus: teilen; vgl: Division). Die Schuldner haften dann

pro rata für einen Anteil (**ratus** 3: berechnet, verhältnismäßig; **pro**: Präp. + Abl.: für, gemäß), also nicht in **solidum**.

Aus der Rechtsgeschichte stammt das

II. Abschnitt

beneficium divisionis

„Rechtswohltat der Teilung": bei mehreren Schuldnern (vor allem auch Mitbürgen) soll jeder nur für seinen Kopfteil haften.

Im römischen Recht ist jede Obligation durch eine bestimmte **actio (in personam)** individualisiert, dh jeder Art der Verpflichtung entspricht eine bestimmte Klage. Da es „strengere" und „freiere" Klagen gibt, gibt es auch „strengere" und „freiere" Rechtsverhältnisse:

iudicia stricti iuris (**iudicum**, -i n.: Urteilsspruch, gerichtliche Entscheidung; **strictus** 3: streng); übertragen: Klagen, Rechtsverhältnisse strengen Rechts. Beispiel: Aus dem feierlichen Versprechen einer Leistung (**stipulatio**, s S 103) entsteht eine Schuld strengen Rechts, Nebenumstände können vom erkennenden Richter nicht berücksichtigt werden.

iudicia bonae fidei „Rechtsverhältnisse des guten Glaubens", Rechtsverhältnisse, die auf der **bona fides** (vgl S 53) beruhen, der guten Treue, der Pflicht, sein Wort zu halten. Bei ihrer Beurteilung hat der Richter einen sehr breiten Ermessensspielraum (er kann alles berücksichtigen, was seiner Meinung nach der **bona fides** entspricht oder ihr entgegenläuft, wie etwa Arglist beim Vertragsabschluß; er kann außerdem auch Zinsen oder Nebenleistungen zusprechen).

Den möglichen Inhalt einer Obligation bezeichnet das römische Recht gerne mit

dare hier: Eigentum (oder andere Sachenrechte) übertragen; der Schuldner schuldet die Eigentumsübertragung (**do**, dare, dedi, datus: geben, übergeben, übertragen). Jede andere Art von Leistung wird bezeichnet mit

facere (**facio** 3, feci, factus: tun, machen, handeln)

oder

praestare (**praesto** 1, -stiti, -stitus: verschaffen, gewähren, geben; auch: sich verbürgen, für etwas einstehen; **praes**, praedis m.: der Bürge).

Was der Schuldner einer Obligation im Einzelfall leisten muß, richtet sich im römischen Recht nach der jeweiligen Klage. Die Obligation kann insbesondere gerichtet sein auf

certum dare eine bestimmte Sache, eine bestimmte Menge vertretbarer Sachen leisten (**certus** 3: sicher, bestimmt, feststehend)

certa pecunia eine bestimmte Geldsumme (**pecunia**, -ae f.: Geld, auch Vermögen)

incertum das „Unbestimmte"; hier obliegt es dem Richter, festzulegen, was geschuldet wird und was der Schuldner an den Gläubiger zu leisten hat. Die Klageformel lautet nur auf Verurteilung

quidquid dare facere oportet (eventuell **„ex fide bona"**)
was immer er (der Schuldner) zu leisten schuldig ist aufgrund der **bona fides** (**quisquis**, quidquid: wer [was] auch immer; **oportet** 2, -uit: es ist nötig, man soll, es ist geboten).

Leistet der Schuldner einer Obligation nicht rechtzeitig, gerät er in Verzug:

mora debitoris Schuldnerverzug (**mora**, -ae f.: Verzug, Verzögerung, Aufschub; **debitor**: s S 96) oder Leistungsverzug

Auch der Gläubiger kann in Verzug geraten, wenn er die zeitgerecht angebotene Leistung nicht annimmt:

mora creditoris Gläubiger- oder Annahmeverzug (**creditor**: s S 96). Von **mora** kommt

Moratorium Hinausschieben der Leistungszeit (Fälligkeit) durch Gesetz (etwa in Notzeiten), allgemein: Zahlungsaufschub.

Das Obligationsverhältnis kann auch dadurch beeinträchtigt werden, daß der Schuldner nicht gehörig leistet:

aliud-Leistung „Andersleistung" (**alius**, alia, aliud: ein anderer); Leistung, die nicht der Schuld entspricht; zB Leistung eines anderen als des vereinbarten Gegenstandes

minus-Leistung „Weniger-Leistung" (**minor**, -us: weniger [Komparativ von **parvus** 3: klein, wenig]); zB der Schuldner leistet statt der vereinbarten 100 kg Weizen nur 80 kg.

Geht der Leistungsgegenstand des Schuldverhältnisses zufällig unter, so stellt sich die Frage des

periculum (-i n.) Gefahr; Gefahrtragung: Frage, welche Partei des Schuldverhältnisses vom zufälligen Untergang des Leistungsgegenstandes wirtschaftlich getroffen werden soll; zB ob der Verkäufer, bei dem der

Kaufgegenstand nach Vertragsabschluß verbrannt ist, trotzdem den Kaufpreis verlangen kann.

stellvertretendes commodum

Vermögenswert, der anstelle des untergegangenen Leistungsgegenstandes steht, wie etwa eine Versicherungssumme (**commodum**, -i n.: Vorteil, Nutzen)

Eine

exceptio non adimpleti contractus

„Einrede des noch nicht erfüllten Vertrages“ steht dem aus einem Vertrag in Anspruch Genommenen dann zu, wenn der Vertragspartner seinerseits noch nicht erfüllt hat (**adimpleo** 2, -plevi, -pletus: vollziehen, erfüllen; **exceptio**: s S 47).

Obligationen können aus heutiger Sicht direkt aus dem Gesetz oder aus Rechtsgeschäften entstehen. Das römische Recht nimmt eine ähnliche Ordnung vor. Der Jurist Gaius bezeichnet als **summa divisio** (erste, oberste Einteilung) diejenige in

obligationes ex contractu und **obligationes ex delicto**.

Später stellt man daneben

obligationes quasi ex contractu und **obligationes quasi ex delicto**.

obligationes ex contractu

im klassischen römischen Recht Verpflichtungen aus Schuldverträgen (zum Begriff des **contractus** s S 49).

Nach den aus ihnen entstehenden Verpflichtungen lassen sich Verträge einteilen in

contractus unilaterales

Verträge mit einseitiger Verbindlichkeit (**unus**: einer; **latus**, -eris n.: Seite); eine Verpflichtung entsteht nur auf einer Seite des Rechtsverhältnisses, und

contractus bilaterales

„zweiseitige Verträge“ (**bi** = zwei); Verträge, aus denen auf beiden Seiten des Schuldverhältnisses Verpflichtungen entstehen. Dabei kann einem Hauptanspruch ein (entgegengerichteter) Nebenanspruch gegenüberstehen.

Beispiel: Verwahrung, Hauptanspruch: Rückgabe; Gegenanspruch: Aufwandersatz des Verwahrers. In diesem Fall spricht man von

contractus bilaterales inaequales
unvollkommen zweiseitige Schuldverhältnisse (**inaequalis**, -e: ungleich)

actio directa „Direktklage" des Hauptanspruchsberechtigten

actio contraria „Konträrklage", Gegenklage des Nebenanspruchsberechtigten (**contrarius** 3: entgegengesetzt)

Der Gegenanspruch kann aber auch mittels

retentio (-onis f.) „Zurückhalten", Retentionsrecht, Zurückbehaltungsrecht geltend gemacht werden; dh der Hauptanspruch braucht solange nicht erfüllt zu werden, bis die Gegenleistung angeboten wird (zu **retineo**, -ui, -tentus: zurück[be]halten).

contractus bilaterales aequales
vollkommen zweiseitige Verträge; hier stehen sich zwei Hauptansprüche gegenüber (**aequalis**, -e: gleich)
Beispiel: Kauf (Anspruch auf Kaufgegenstand/Anspruch auf Kaufpreis). Diese Verträge bezeichnet man heute nach einem griechischen Terminus als

synallagmatische Verträge.

Die Kontraktsobligationen teilt das römische Recht nach der Art ihrer Begründung (dem „obligierenden Tatbestand") ein in

obligationes re contractae
„durch die Sache begründete Verpflichtungen", dh: durch die Hingabe der Sache, deshalb auch heute „Realverträge" (**res**, rei f.: Sache; **contraho** 3, -traxi, -tractus: herbeiführen, abschließen).

Einzelne Realverträge:

mutuum (-i n.) Darlehen: Übereignung einer Geldsumme (oder anderer vertretbarer Sachen) mit der Abrede, die gleiche Summe (Menge) zurückzustellen (**mutuus** 3: gegenseitig, geliehen). Vgl auch

credere anvertrauen; davon heute Kredit (s o **creditor**). Die Klage aus dem Darlehen heißt (beim Gelddarlehen)

actio certae creditae pecuniae
„Klage des bestimmten anvertrauten Geldes"

II. Abschnitt

Annuitäten (jährliche) Rückzahlungsraten (**annus**, -i m.: Jahr)

fenus (-oris n.) oder **usurae (-arum f.)**
Zinsen

fenus nauticum (im übertragenen Sinn) Seedarlehen (**nauticus** 3: See-, Schiffs-), bei dem im römischen Recht wegen des besonderen Risikos Zinsen in unbeschränkter Höhe vereinbart werden durften

commodatum (-i n.)
Leihe (unentgeltliche Überlassung einer Sache zum Gebrauch, eigentlich: „das Geliehene" von **commodo** 1: sich gefällig erweisen, leihen, hergeben). Die Parteien heißen

Kommodant der Verleiher (**commodans**, -antis: der Verleihende)

Kommodatar der Entleiher

actio commodati Klage des Verleihers auf Rückgabe

actio commodati contraria
(Gegen-)Klage des Entleihers (auf eventuelle Aufwendungen oder Schadenersatz)

depositum (-i n.) „das Niedergelegte", die Verwahrung; Hinterlegung, Hingabe in die Obhut eines Verwahrers (vgl heute: Depot, deponieren). Parteien:

Deponent „der Niederlegende", der Hinterleger (**depono** 3, -posui, -positus: niederlegen, ablegen, anvertrauen)

Depositar der Verwahrer

actio depositi Verwahrungsklage (des Deponenten)

actio depositi contraria
Gegenklage des Verwahrers

Ein Sonderfall der Verwahrung ist die

Sequestration Verwahrung einer streitverfangenen Sache mit der Verpflichtung, sie an den Prozeßgewinner herauszugeben (**sequester**, -tris m.: Vermittler, Unterhändler)

obligationes verbis contractae
„durch die Worte“ (gemeint sind Wortformeln) eingegangene Verbindlichkeiten, „Verbalkontrakte“. Die Obligation entsteht durch die Verwendung bestimmter (versprechender) Wortformeln; „mündliche“ Verträge. Wichtigstes Beispiel:

stipulatio (-onis f.)
mündliches Schuldversprechen mit bestimmter Frage- und Antwortform: Eine Partei, die Schuldner werden soll (**promissor**, -oris m.: der „Versprechende“) verspricht der anderen, die Gläubiger werden soll (**stipulator**), eine bestimmte Leistung zu erbringen. Andere Bezeichnungen:

sponsio (-onis f.) Angelobung, Versprechen; oder **promissio (promitto** 3, -misi, -missus: versprechen; vgl Promesse). Die Formel kann lauten

„centum dare mihi spondesne?“
„Gelobst du, mir hundert zu geben?“; die Antwort lautet

„spondeo“ „ich gelobe dies“ (**spondeo** 2, spopondi, sponsus: geloben, sich verpflichten)

Anwendungsfälle:

cautio (-onis f.) Versprechen zur Sicherheitsleistung (s zB o S 93)

Konventionalstrafe
Vertragsstrafe (vgl **conventio**, S 49); Versprechen einer Geldzahlung bei nichtgehöriger Erfüllung einer Vertragspflicht

actio ex stipulatu Klage aus dem Schuldversprechen

obligationes litteris contractae
„durch die Schrift“ (**littera**, -ae f.: Buchstabe, Pl.: Schreiben, Schrift) geschlossene Verträge (eigentlich: Schuldverhältnisse, Verpflichtungen); „Litteralkontrakt“, auch: **obligatio litterarum**. Die Verpflichtung entsteht durch förmliche Verbuchung im

codex accepti et expensi
„Soll- und Habenbuch“ (**acceptum**, -i n.: die Einnahme; **accipio** 3, -cepi, -ceptis: annehmen, in Empfang nehmen, davon heute „akzeptieren“; **expensum**, -i n.: die Ausgabe; **expendo** 3, -pendi, -pensus: auszahlen)

II. Abschnitt

obligationes consensu contractae

„durch den Konsens“, dh durch Willensübereinstimmung (ohne weitere Erfordernisse) geschlossene Verträge (eigentlich: Schuldverhältnisse, Verpflichtungen); „Konsensualkontrakte“ (s S 50: **consensus**). Darunter fallen

emptio venditio

„Kauf und Verkauf“ = Kauf als Rechtsgeschäft. Im Doppelnamen ist ausgedrückt, daß es sich um einen **contractus bilateralis aequalis** (s S 101) handelt. Die Parteien heißen

emptor (-oris m.)

der Käufer (**emo** 3, emi, emptus: kaufen) und

venditor (-oris m.)

der Verkäufer (**vendo** 3, -didi, -ditus: verkaufen)

Sonderfälle sind

emptio spei

Kauf einer Hoffnung: „Hoffnungskauf“ (**spes**, spei f.: Hoffnung, Erwartung), Kauf einer bloßen Gewinnaussicht. Die **emptio spei** ist ein

aleatorischer Vertrag

Glücksvertrag (**alea**, -ae f.: Würfel, Wagnis, Zufall); Vertrag, bei dem ein Risiko übernommen wird (zB auch Wette, Leibrentenvertrag)

emptio rei speratae

(bedingter) Kauf einer erhofften Sache; zB Kauf eines Tierjungen vor seiner Geburt (**spero** 1: erwarten, hoffen)

Hinsichtlich der „Gefahr“ (**periculum**, s S 99) gilt im römischen Recht

perfecta emptione periculum ad emptorem respicit

Mit der Perfektion des Kaufes (mit [unbedingt] abgeschlossenem Kauf; **perficio** 3, -feci, -fectus: vollenden) geht die Gefahr auf den Käufer über (**respicio** 3, -spexi, -spectus: eigentlich zurückblicken, hinter sich sehen) oder kürzer

periculum est emptoris

Die Gefahr trägt der Käufer (**esse** + Genetiv: im Bereich [Besitz] sein, gehören; bei unpersönlichem **est**: es ist Sache, gehört zu, es ist Art, Pflicht).

Der Verkäufer haftet für

evictio (-onis f.) „Eviktion“, Entwehrung (**evinco** 3, -vici, -victus: überwinden, durchsetzen; hier: jemandem im Prozeßweg ein Recht erfolgreich abstreiten = evinzieren); dh der Verkäufer haftet, wenn ein an der Kaufsache berechtigter Dritter diese vom Käufer herausverlangt. Der Verkäufer ist

auctor (-oris m./f.) Gewährsmann, Gewährleister; man spricht von

auctoritas-Haftung

„Gewährleistungshaftung“ (**auctoritas**, -atis f.: Gewähr) oder

Auktoritätshaftung,

heute: Rechtsmängelhaftung.

Klagen aus der **emptio venditio**:

actio empti Klage des Käufers (eigentlich „des Gekauften“: **emptus**: PPP von **emo**), sie ist vor allem auf Leistung des Kaufgegenstandes gerichtet

actio venditi Klage des Verkäufers (des „Verkauften“), sie ist vor allem auf Leistung des Kaufpreises gerichtet

Weitere Begriffe aus dem Bereich des römischen Kaufrechts

laesio enormis die „übermäßige Verletzung“ (ergänze: des Gleichgewichts zwischen Leistung und Gegenleistung; **laedo** 3, laesi, laesus: verletzen; **enormis**, -e: übermäßig), auch: Verkürzung über die Hälfte. Der Verkäufer (heute: beide Teile und nicht auf Kauf beschränkt) kann den Kaufvertrag auflösen, wenn die Gegenleistung geringer ist als die Hälfte des Wertes seiner Leistung. Darin steckt der Gedanke des

pretium iustum der „gerechte Preis“ (**pretium**, -i n.: Wert, Preis)

merx (mercis f.) Ware, Kaufsache; auch

res venalis (**venalis**, -e: käuflich)

dicta et promissa zugesagte und versprochene Eigenschaften der Kaufsache (**dico** 3, dixi, dictus: sagen, sprechen; **promitto** 3, -misi, -missus: versprechen)

Liegen sie nicht vor oder ist die Sache sonst mangelhaft, gibt es folgende Klagen für den Käufer:

actio redhibitoria „Wandlungsklage" (von **redhibeo** 2, -ui, -itus: zurückgeben, wiedererstatten), die zur Rückabwicklung führt

actio quanti minoris
„Minderungsklage" (**quanti minoris**: wieviel weniger [ergänze: die Sache wert ist]), mit der der Käufer einen Teil des Kaufpreises zurückerhält.

Häufig ist heute beim Kauf ein

pactum reservati dominii
Vereinbarung des vorbehaltenen Eigentums, Eigentumsvorbehalt: das Eigentum am Kaufgegenstand soll erst bei vollständiger Kaufpreiszahlung übergehen (**reservo** 1: zurücklegen, aufbewahren; **dominium**, -i n.: Eigentum; **pactum**: s S 49)

locatio conductio bezeichnet einen römischen Vertragstypus, bei dem eine Partei (**locator**, von **loco** 1: stellen, legen) etwas „wohin stellt", die andere (**conductor**, von **conduco** 3, -duxi, -ductus: zusammenführen, auch mieten, pachten) etwas „mit sich führt" (wörtlich also: „Wohinstellen/Mit-sich-führen").

Darunter fallen verschiedene Vertragstypen:

locatio conductio rei
Miete, Pacht (**locator**: Vermieter, **conductor**: Mieter). Eine Sache (**res**) wird vom Vermieter hingestellt, der Mieter „führt sie mit sich".

locatio conductio operarum
Dienstvertrag (**opera**, -ae f.: Arbeit, Tätigkeit; **operae**: „Tagwerke"; **locator**: Dienstnehmer; **conductor**: Dienstgeber). Im modernen Arbeitsrecht unterscheidet man

Individual- und **Kollektivarbeitsrecht**,
je nachdem, ob bei den Normen der einzelne Arbeitnehmer oder Arbeitgeber Bezugsgröße und Normadressat ist oder die Regelungen Organisation und Funktion der arbeitsrechtlichen Personenmehrheiten (AN- und AG-Verbände) und ihre Beziehungen zueinander betreffen.

locatio conductio operis

Werkvertrag (**opus**, -eris n.: Werk, Erzeugnis) mit dem Inhalt der Herstellung eines Arbeitserfolges, zB Reparaturvertrag (**locator**: „Besteller", **conductor**: „Unternehmer"). Hier wird die zu bearbeitende Sache „hingestellt".

Der Werkunternehmer darf nicht

imperitus (3) unerfahren, unkundig sein, er haftet für

imperitia (-ae f.) Unerfahrenheit, Ungeschicklichkeit.

Das Entgelt des Vermieters, Werkunternehmers und Dienstnehmers heißt

pretium (-i n.) oder **merces (-edis f.)**

der „Zins" (auch Lohn, Entgelt).
Bei Diensten höherer Art (von Ärzten, Advokaten usw) war es ursprünglich unschicklich, sich gegen Geld zu verdingen, eine Gegenleistung war aber dennoch eine sittliche Pflicht. Dieses Entgelt nannte man

salarium oder **honorarium**

(**salarium**, -i n.: „Salzdeputat" = Sold; **honorarium**, -i n.: Ehrengabe).

Klagen aus der **locatio conductio**:

actio locati (des **locator**) und **actio conducti** (des **conductor**)

mandatum (-i n.) Auftrag, vertragliche Übernahme einer Geschäftsbesorgung; heute: Mandat (vgl auch: politisches Mandat). Die beteiligten Personen heißen

Mandant Auftraggeber (**mandans**, -antis: der Beauftragende, von **mando** 1: beauftragen) und

Mandatar Beauftragter

Klagen aus dem **mandatum**:

actio mandati Auftragsklage des Auftraggebers

actio mandati contraria

Gegenklage des Beauftragten (**contrarius** 3: entgegengesetzt); gerichtet zB auf Ersatz von

impensae (-arum f.) Aufwendungen, die mit der Auftragserfüllung verbunden waren (von **impendo** 3, pendi, pensus: aufwenden, ausgeben).

mandatum post mortem

Auftrag auf den Todesfall (erst auszuführen mit dem Tod des Auftraggebers; **post**: Präp. + Akk.: nach; **mors**, mortis f.: Tod)

Kommission gewerbsmäßige Übernahme von Kauf/Verkauf von Waren oder Wertpapieren im eigenen Namen und für Rechnung eines anderen (von **committo** 3, -misi, -missus: zusammenbringen, übergeben, anvertrauen, auftragen). Die Parteien heißen

Kommissionär der Auftragnehmer und

Kommittent der Auftraggeber.

societas (-atis f.) Gesellschaftsvertrag; Zusammenschluß zweier oder mehrerer Personen zur Verfolgung eines gemeinsamen wirtschaftlichen Zwecks; heute: Gesellschaft, vgl auch: Sozietät (zB Anwaltssozietät)

societas leonina „Löwengesellschaft“ (**leo**, -onis m.: Löwe; **leoninus** 3: Löwen-). Aus der Rechtsgeschichte stammende Bezeichnung für einen (sittenwidrigen) Gesellschaftsvertrag, der einen Gesellschafter nur am Verlust, nicht aber am Gewinn teilhaben läßt.

Societas Europaea Europäische Gesellschaft (SE). Von der EU seit Ende 2004 vorgesehene einheitliche Rechtsform für Aktiengesellschaften im europäischen Raum.

socius (-i m.) Gesellschafter (vgl heute „Sozius“)

actio pro socio Klage „für den Gesellschafter“ (**pro**: Präp. + Abl.: für), im römischen Recht gerichtet auf Aufhebung der Gesellschaft und gegenseitige Abrechnung. Heute: Klage gegen den Mitgesellschafter, der seine gesellschaftsvertraglichen Leistungen nicht erbracht hat.

Die Einlagen der Gesellschafter können auf verschiedene Art erfolgen:

quoad dominium Übertragung des Eigentums an die Gesellschaft(er) (**quoad**: seltene Präp. + Akk.: hinsichtlich; **dominium**: s S 81)

quoad usum Übertragung eines Gebrauchsrechts (**usus**, -us m.: Gebrauch)

quoad sortem keine Eigentumsübertragung, unter den Gesellschaftern wird die Sache aber so behandelt, als läge eine vor (**sors**, sortis f.: Kapital, auch Teil, Anteil, Los, Schicksal). Eine

Vinkulierung (= Bindung) von Gesellschaftsanteilen liegt vor, wenn sie nur mit Zustimmung der Gesellschaft veräußert werden dürfen (**vinculum**, -i n.: Band, Fessel, Bindung).

Dividende das „zu Verteilende" (**dividendus** 3: Gerundiv zu **divido** 3, -visi, -visus: teilen, verteilen): Anteil am Gesellschaftsgewinn (vor allem bei Aktiengesellschaften)

Kaduzierung Ausschluß eines Gesellschafters, der seine Einlage nicht erbringt, Ungültigerklärung des Mitgliedschaftsrechts (**caducus** 3: verfallen)

Liquidation Auflösung und Abwicklung der Gesellschaft (wörtlich: „Flüssigmachung", von **liquidus** 3: flüssig)

Fusion Verschmelzung, Verbindung mit einer anderen Gesellschaft (**fusio**, -onis f.: Guß, davon: „Verschmelzung")

Neben den vom **ius civile** anerkannten Vertragsgruppen standen im römischen Recht Verträge, die nur nach **ius honorarium** (s S 27) oder nach späterem Kaiserrecht durchsetzbar waren, aber gleichfalls obligationsbegründend wirkten. Es sind dies vor allem die bereits genannten

pacta formfreie Verträge außerhalb des klassischen Vertragsschemas

pacta adiecta Nebenabreden zu anderen Verträgen, im Rahmen derer sie einklagbar sind („dazugesetzte Abmachungen"; **adicio** 3, -ieci, -iectus: hinzufügen, -setzen, beifügen), zB das

pactum displicentiae
„Abrede des Mißfallens": Kauf auf Probe. Vereinbarung, daß der Käufer bei Mißfallen der Kaufsache binnen bestimmter Frist vom Vertrag zurücktreten kann (**placeo** 2, -ui, -itum: gefallen, Beifall finden; unpers. **placet**: für gut finden, beistimmen; vgl sein „Placet" geben; **displiceo** 2, -ui: mißfallen)

receptum (-i n.) (von **recipio** 3, cepi, ceptus: zurück-, über-, auf sich nehmen) ist die Bezeichnung für ebenfalls prätorisch klagbare Verträge, die eine Art von Garantieübernahme zum Inhalt haben. Beispiel

receptum argentarii
Versprechen eines Bankiers (**argentarius**, -i m.), auf Rechnung eines anderen eine Sache oder Geldsumme zu leisten

II. Abschnitt

Außerhalb des römischen Kontraktsschemas standen auch die

Innominatkontrakte
„unbenannte" Verträge (**nomino** 1: benennen): Schuldverhältnisse, die Leistung und Gegenleistung beinhalteten, für die aber das klassische Kontraktsschema keine Klagen vorsah. Sie wurden zunächst von Fall zu Fall vom Prätor klagbar gemacht, und zwar durch

actiones in factum Klagen für den individuellen Einzelfall (**factum**: das Geschehene, meint einen besonderen Einzelfall). Beispiele:

permutatio (-onis f.)
Tausch (**permuto** 1: verändern, vertauschen)

aestimatum (-i n.) Trödelvertrag (Übergabe einer Sache zum Verkauf, der Empfänger hat bei Verkauf eine festbestimmte Summe zu bezahlen oder die Sache zurückzugeben)

Der Inhalt der Innominatkontrakte wird dargestellt durch die Formel

do ut des, do ut facias uä
etwa: ich gebe, damit du gibst; ich tue etwas, damit auch du handelst; ich erbringe eine Leistung zu dem Zweck, dafür deine Gegenleistung zu erhalten (**ut** + Konj: daß, damit).

Erst in der römischen Spätzeit als Vertrag aufgefaßt und damit klagbar wurde hingegen die

donatio (-onis f.) Schenkungsvertrag, Zusage einer unentgeltlichen Zuwendung. Die Wirksamkeit der tatsächlichen Zuwendung mit

animus donandi „Schenkungswille", -absicht (**dono** 1: schenken; **donandi**: des Schenkens, Gerundium) wird bereits früher anerkannt.

obligationes quasi ex contractu
Verpflichtungen aus vertragsähnlichen Tatbeständen, „Quasikontrakte" (**quasi**: gleichsam, gewissermaßen, als ob, fast, gleich wie). Ein Beispiel ist die

negotiorum gestio „Führung von (fremden) Geschäften" (**gestio**, -onis f.: Ausführung, Verrichtung; **gero** 3, gessi, gestus: ausführen, tragen; **negotium**, -i n.: Rechtsgeschäft), heute: Geschäftsführung ohne Auftrag: Geschäftsbesorgung für einen anderen ohne vertragliche Grundlage (auch: Gestion). Der Ausführende ist der

negotiorum gestor (auch heute: Gestor). Das Geschäft muß für den Geschäftsherrn

utiliter gestum nützlich geführt worden sein (**utilis**, -e: nützlich).

actio negotiorum gestorum
Klage aus der Geschäftsführung ohne Auftrag

obligationes ex delicto
Verpflichtungen aus rechtswidriger Schädigung (Deliktsobligationen)

delictum (-i n.) Vergehen, Fehler; urspr.: Unrechtstat gegen den einzelnen oder sein Vermögen (privatrechtlicher Begriff), heute meint „Delikt" auch rein strafrechtlich relevante Verhaltensweisen. Das Delikt ist obligierender (verpflichtender) Tatbestand, die privatrechtliche Folge kann Schadenersatz sein. Daneben kann es strafrechtlicher (= öffentlichrechtlicher) Tatbestand mit der Rechtsfolge der Strafe sein (dazu u S 136).
Beispiel: Verkehrsunfall mit Personenschaden; Rechtsfolge im Strafrecht: Verurteilung wegen fahrlässiger Körperverletzung; im Privatrecht: Schadenersatz (Schmerzengeld, Heilungskosten etc).

Das römische Recht kennt

crimina publica „öffentliche Verbrechen" (vgl S 136)

und

delicta privata Verletzungen des einzelnen oder seines Vermögens. Nur von diesen ist hier die Rede, sie gehören ins Privatrecht.

Rechtsfolge der **delicta privata** im römischen Recht: Klagen auf

poenam tantum „nur auf Strafe" (**poena**, -ae f.: Strafe, Buße; **tantum**: nur): Klagsziel ist Strafe, eine Geldsumme, die aber nicht der Staat, sondern der Verletzte bekommt („reine Pönalklagen" oder **actiones poenales**)

rem tantum „nur auf die Sache": Klagsziel ist Ersatz des verletzten Rechtsgutes, nicht Strafe; deshalb: „reipersekutorische" (von **res**, rei f.: Sache + **persequor** 3, -secutus sum: verfolgen) oder sachverfolgende Klagen

rem et poenam Klagsziel ist sowohl Schadenersatz als auch Strafe.

II. Abschnitt

actio popularis Popularklage; Deliktsklage, die von jedermann eingebracht werden kann (**popularis**, -e: auf das Volk bezogen)

Einzelne Privatdelikte:

furtum (-i n.) Diebstahl, Entwendung

fur, furis (m./f.) Dieb(-in)

furtum manifestum

offenkundiger (**manifestus** 3: handgreiflich, ertappt, offenbar) Diebstahl, dh der Dieb wird auf frischer Tat ertappt oder die Sache wird bei feierlicher Hausdurchsuchung bei ihm gefunden. Gegenteil:

furtum nec manifestum

nicht offenkundiger Diebstahl

Klagen aus dem **furtum**:

actio furti (manifesti oder **nec manifesti)**

Diebstahlsklage

damnum iniuria datum

wörtlich: widerrechtlich verursachter Schaden (**damnum**, -i n.: Schaden; **iniuria**, -ae f.: Unrecht, Rechtsverletzung); heute: Sachbeschädigung. Es mußte sich ursprünglich um ein

damnum corpore corpori datum,

um einen „dem Körper durch den Körper" (**corpus**, -oris n.) zugefügten Schaden handeln; gemeint ist unmittelbare Schadenszufügung.

iniuria ist auch die Bezeichnung für ein anderes Delikt, die Personenverletzung (sei es eine direkte Verletzung oder nur eine Persönlichkeitsverletzung wie Ehrenbeleidigung). Hier also: Beleidigung, Gewalttat. Vgl: **Verbalinjurien** = Beleidigung durch Worte, Beschimpfung.

actio iniuriarum (Gen. Pl.) Klage wegen Persönlichkeitsverletzung

rapina (-ae f.) Raub

Eine Besonderheit des römischen Rechtes sind die Noxalklagen oder

actiones noxales, die wegen Delikten von Gewaltunterworfenen gegen deren Gewalthaber angestellt werden können (**noxalis**, -e: die **noxa** betreffend).

noxa (-ae f.) Vergehen, Schädigung, Schaden, Schadenersatz; auch: das Wesen, das geschadet hat.

Der Gewalthaber muß entweder den Gewaltunterworfenen, der das Delikt begangen hat, an den Geschädigten ausliefern

noxae deditio Auslieferung des Schädigers (zum Ersatz des Schadens; **deditio**, -onis f.: Übergabe, Auslieferung) oder die Buße für das begangene Delikt bezahlen.

noxa caput sequitur

der Schaden(ersatz) folgt dem Haupt (des Täters) (**caput**, -itis n.: Kopf, Haupt; **sequor** 3, secutus sum: folgen): den Gewalthaber, bei dem man den gewaltunterworfenen Täter findet, trifft die Noxalhaftung.

Rechtsfolge von Privatdelikten ist, wie oben erwähnt, neben der Buße (**poena**) auch der Schadenersatz. Schadenersatzverpflichtungen entstehen jedoch nicht nur aus Delikten, sondern auch aus der Verletzung vertraglicher Verpflichtungen.

Allgemeine Voraussetzungen von Schadenersatzansprüchen:

a) damnum Eintritt eines Schadens (vgl S 112)

b) Kausalität (**causa**, -ae f.: Ursache, Grund): Ursächlichkeit zwischen schädigender Handlung und Schadenseintritt. Es gilt hier der Grundsatz der

condicio sine qua non

„Bedingung, ohne die nicht": das Verhalten darf nicht weggedacht werden können, ohne daß nicht auch der Erfolg wegfällt (**sine**: Präp. + Abl.: ohne; **qua**: Abl. zu **quae** von **qui, quae, quod**: wer, welcher; **condicio**: s S 55). Man spricht auch vom Kausalzusammenhang bzw der Bedingungs- oder Äquivalenztheorie.

Sonderfälle:

alternative Kausalität

die Wahl von zwei Möglichkeiten bietend (**alternus** 3: abwechselnd, gegenseitig); mehrere rechtswidrig Handelnde kommen als Schädiger in Betracht, jedoch nur einer hat den Schaden wirklich verursacht. Es kann nicht ermittelt werden, wer, einer ist aber sicher der

Täter (rechtliche Behandlung: Kausalitätsvermutung; alle rechtswidrig Handelnden haften). Beispiel: Mehrere schlagen auf jemanden ein, wer den tödlichen Schlag versetzt, ist nicht zu eruieren.

kumulative Kausalität

Mehrere Handlungen werden gesetzt, jede einzelne hätte den Schaden herbeigeführt (zB: zwei Täter flößen unabhängig voneinander Gift ein). Hier versagt die **condicio sine qua non**-Formel, man läßt aber auch hier beide Täter haften (**cumulo** 1: häufen, anhäufen).

c) iniuria — hier: Rechtswidrigkeit, Verstoß gegen die Rechtsordnung bzw Verstoß gegen vertragliche Verpflichtungen

d) Verschulden — persönliche Vorwerfbarkeit. Die wichtigsten Verschuldensformen sind

dolus (-i m.) — Vorsatz

und

culpa (-ae f.) — Fahrlässigkeit (wörtlich: Schuld): Außerachtlassen der gebührenden Sorgfalt, in den Abstufungen

culpa levis — leichte Fahrlässigkeit (**levis**, -e: leicht, geringfügig) und

culpa lata — schwere (grobe) Fahrlässigkeit (**latus** 3: weit, breit).

Im Bereich der Haftung aus Verträgen differenziert man, für welchen Grad des Verschuldens man aus den jeweiligen Vertragsverhältnissen haftet („Haftungsmaßstäbe"), zB Haftung für

dolus — Arglist, oft bezeichnet als

dolus malus — bewußte Treuwidrigkeit, böswilliger Vorsatz (**malus** 3: schlecht)

dolus in contrahendo

Arglist beim Vertragsschluß (**contraho** 3, -traxi, -tractus, Gerundium)

culpa in contrahendo

Verschulden bei Vertragsabschluß, insb auch bei Vertragsvorbereitung

culpa in eligendo — Auswahlverschulden; dh in bestimmten Fällen haftet jemand dafür, daß er sich bei einer Verrichtung eines untüchtigen Gehilfen bedient (**eligo** 3, -legi, -lectus: auswählen, Gerundium).

diligentia quam in suis rebus
Sorgfalt wie in den eigenen Dingen/Angelegenheiten; hier mißt man die Sorgfaltspflicht an der konkreten Person (auch: **culpa in concreto; diligentia**, -ae f.: Sorgfalt; Gegenbegriff: **neglegentia**, -ae Nachlässigkeit).

Als objektiven Maßstab nimmt man zuweilen das Verhalten des

diligens paterfamilias,
des sorgfältigen Hausvaters (**diligens**, -entis: sorgfältig).

Bei der Haftung für

custodia (-ae f.) muß man für das Abhandenkommen oder die Beschädigung einer (fremden) Sache, die man in seinem Gewahrsam hat, einstehen, es sei denn, dies geschieht aufgrund höherer Gewalt (**custodia**: Aufsicht, Obhut, Bewachung; vgl noch heute: Kustos, Kustode im Museum; Kustodiat).

vis maior höhere Gewalt (**maior**, -ius: größer, höher, Komparativ von **magnus** 3: groß; **vis** f.: Kraft, Gewalt), wie etwa Feuer, Überschwemmung, Erdbeben usw

casus (-us m.) Fall, hier: Zufall

casum sentit dominus
Den Zufall spürt der Eigentümer, dh der Eigentümer einer Sache trägt den Schaden ihres zufälligen Untergangs oder ihrer zufälligen Beschädigung (**sentio** 4, sensi, sensus: fühlen), auch

casus a nullo (nemine) praestantur
Zufälle werden von niemandem (**nemo** m.: niemand, keiner; Ablativ: **nullo, nemine**) gewährleistet (vertreten).

casus mixtus „gemischter Zufall"; die Möglichkeit des Zufalls wird durch Verschulden veranlaßt (**misceo** 2, miscui, mixtum: vermischen).

In bestimmten Fällen kommt es zu einer

Kulpakompensation
„Schuldaufrechnung" (**compensatio**, -onis f.: Ausgleichung, Aufrechnung): bei Mitverschulden des Geschädigten entfällt sein Ersatzanspruch.

II. Abschnitt

Ziel des Schadenersatzes ist Wiedergutmachung des Schadens. Es gibt grundsätzlich folgende Möglichkeiten: Naturalrestitution und Geldersatz.

Naturalrestitution Zurückversetzung in den vorigen Stand (**restitutio**, -onis f.: Wiederherstellung, Restitution; **restituo** 3, -ui, -utus: zurückversetzen, wiederherstellen); „wirkliche" Wiedergutmachung (in natura), zB: statt der beschädigten eine gleiche Sache zur Verfügung stellen (kein Geldersatz). Auch

restitutio in integrum

Wiederherstellung des unverletzten Zustandes (**integer**, -gra, -grum: unberührt, unverletzt), der Geschädigte soll so gestellt werden, wie er ohne das schädigende Ereignis stünde. Heute: Wiedereinsetzung in den vorherigen Stand.

Im römischen Recht gilt der Grundsatz der

condemnatio pecuniaria

Geldverurteilung (**condemnatio**, -onis f.: Verurteilung; **pecuniarius** 3: Geld-): jedes Leistungsurteil muß auf Geld lauten (steht im Gegensatz zur Naturalrestitution).

Zum Umfang des Schadenersatzanspruches:

damnum emergens der „aufgetretene" Schaden (**emergo** 3, -mersi, -mersus: zum Vorschein kommen, entstehen), der objektive Nachteil des Geschädigten (auch: positiver Schaden)

lucrum cessans entgangener (eigentlich: aussetzender) Gewinn (**lucrum**, -i n.: Gewinn, Vorteil; **cesso** 1: aussetzen, entgehen)

compensatio lucri cum damno

„Vorteilsausgleich" (Ausgleich des Vorteils mit dem Schaden): der Geschädigte hat sich Vorteile aus dem schädigenden Ereignis anrechnen zu lassen (zu **compensatio** s o und S 121).

Im römischen Recht richtet sich der Umfang des Schadenersatzanspruches nach der Klagsformel. Diese kann lauten auf

quod (eius) interest

wieviel sein (des Klägers) Interesse ausmacht. Das Interesse am Unterbleiben der Schädigung wird vom Richter beurteilt (**intersum**, -esse, -fui: dazwischensein; unpersönlich: **interest**: es ist daran gelegen, es ist wichtig; vgl: das Interesse; **eius**: Genetiv von **is, ea, id**: dieser, er). Beispiel: Durch Verletzung eines Pferdes kann ein ganzes Vierergespann wertlos werden, das Interesse bezieht sich nicht nur auf das verletzte Pferd.

quanti ea res est (erit)
wie viel die Sache wert ist (zu Prozeßbeginn) bzw (bei Urteilsfällung) wert sein wird (**quanti** [Genetiv]: wie viel, wie teuer; **erit**: Futur: es wird sein)

restituere
„wiederherstellen" (**restituo** 3, -ui, -utus); der Geschädigte ist so zu stellen, als wäre die Schädigung nie begangen worden.

Nur ausnahmsweise ersetzt wird das

Affektionsinteresse
Wert der besonderen Vorliebe, Liebhaberinteresse (rein persönlicher Wert; **affectio**, -onis f.: Neigung, Vorliebe).

obligationes quasi ex delicto
Ansprüche aus deliktsähnlichen Sachverhalten im römischen Recht, zB Haftung des Gastwirtes (**caupo**), dessen Gehilfe einem Gast etwas entwendet hat (**quasi**: gleichsam, wie). Hierher gehört etwa die

actio de effusis vel deiectis
Klage gegen den Inhaber einer Wohnung, aus der etwas auf die Straße gegossen oder geworfen wird (**effundo** 3, -fudi, -fusus: ausschütten; **deicio** 3, -ieci, -iectus: herabwerfen). Vgl § 1318 ABGB.

Sind Vermögensverschiebungen vorgenommen worden, die entweder (zB durch Veränderung der Umstände) sinnlos geworden sind, oder die schon von vornherein ungerechtfertigt waren, fehlt eine Berechtigung zum Behalten des Zugewendeten. Diese Vermögensverschiebungen rückgängig zu machen, ist Aufgabe des Bereicherungsrechtes.

Die **actio** dafür heißt im römischen Recht

condictio
(**condico** 3, -dixi, -dictus: verabreden, bestimmen, zusagen). Der Name kommt von einer alten Verfahrensart, wobei man die Verhandlung auf den 30. Tag verschob/verabredete. Heute ist der Begriff **Kondiktion** terminus technicus für die Klage wegen ungerechtfertigter Bereicherung; **kondizieren**: (wegen ungerechtfertigter Bereicherung) zurückfordern.

II. Abschnitt

Voraussetzung für die Anstellung der Klage ist eine

datio (-onis f.) Leistung, Zuwendung von Eigentum (**dare**: geben, tun)

datio ob rem, ob causam

Leistung zur Erreichung eines bestimmten Erfolges, wegen eines Grundes, Anlasses (**ob**: Präp. + Akk.: wegen; **res**, rei f.: Sache, Angelegenheit, auch: Grund; **causa**, -ae f.: Grund, Ursache, Anlaß)

Tritt der gewünschte Erfolg nach einer Leistung nicht ein, gibt es zu ihrer Rückforderung verschiedene Kondiktionen (Bereicherungsklagen):

condictio ob causam finitam

Kondiktion (Rückforderung) wegen eines weggefallenen Grundes (**finio** 4: beenden); zB Leistung aus einem Vertrag, der später weggefallen ist

condictio ob rem (causam)

oder

condictio causa data causa non secuta

Zurückforderung wegen des vorausgesetzten (**causa data**: gegebener Beweggrund), aber nicht eingetretenen Erfolges (**causa non secuta; sequor** 3, secutus sum: folgen, sich einstellen; **causa**, -ae f.: [Beweg-]Grund, Anlaß). Wird der Zweck, den man mit der Leistung verfolgt, nicht verwirklicht, kann man sie wieder zurückfordern, zB Zuwendungen im Hinblick auf eine Eheschließung, die dann unterbleibt.

condictio indebiti

Kondiktion (Rückforderung) des Ungeschuldeten; diese Klage beruht auf einem

indebitum solutum

Zahlung einer Nichtschuld (**debitum**, -i n.: Schuld); wörtlich: gezahlte Nichtschuld (**solvo** 3, solvi, solutus: Schuld zahlen, erfüllen)

condictio ob turpem causam

Kondiktion (Rückforderung) wegen eines sittenwidrigen (schändlichen) Grundes (**turpis**, -e: schändlich). Hier verstößt der Zweck der Leistung gegen die guten Sitten (auf seiten des Nehmers).

condictio ob iniustam causam
Kondiktion (Rückforderung) wegen eines rechtswidrigen Grundes (Leistung verstößt gegen ein rechtliches Verbot)

condictio ex causa furtiva
Kondiktion (Rückforderung) aus dem Grund des Diebstahls (eigentlich wörtlich: aus einem Diebsgrund; von **furtivus** 3: Diebs-)

condictio sine causa
Kondiktion (Rückforderung) „ohne Grund“, für andere Fälle rechtsgrundlosen Vorenthaltens (**sine**: Präp. + Abl.: ohne).

Die Rückforderung geht auf die empfangene Leistung oder ihr

Surrogat Ersatz, Wertersatz (**surrogatio**, -onis f.: Ersetzung; eigentlich: die Wahl an die Stelle eines anderen, die Nachwahl).

Eine bestehende Schuldverpflichtung erlischt normalerweise durch Erfüllung der Schuld, aber sie kann auch aus sonstigen Gründen untergehen. Grundbegriff ist

liberatio (-onis f.) Befreiung. Sie tritt in doppelter Gestalt auf:

ipso iure Das Forderungsrecht erlischt „durch das Recht selbst“, unmittelbar kraft Rechtens. Beispiel: Durch die Leistung des Geschuldeten erlischt die Schuld **ipso iure**, man hat keine Klage mehr.

per exceptionem Von einer Befreiung „durch eine Einrede“ spricht man dann, wenn die Forderung des Gläubigers zwar nicht erfüllt wurde, der Klage des Gläubigers aber eine Einwendung entgegensteht, durch die der Anspruch im Prozeß nicht durchsetzbar ist (zB bei einer formlosen Erlaßvereinbarung; **exceptio** s S 47).

solutio (-onis f.) Schulderfüllung, eigentlich: Auflösung, entsprechend der Vorstellung, daß man sich durch ein rechtliches Band dem Gläubiger „verbindlich“ gemacht hat. Deshalb hier: Lösung eines Schuldverhältnisses, Befreiung des Schuldners und in weiterer Folge die Erfüllung einer Obligation durch Leistung des Geschuldeten (**solvo** 3, solvi, solutus: freimachen, befreien; insbesondere: sich einer obligatorischen Verbindlichkeit entledigen, das Geschuldete leisten; davon: Leistung **pro soluto**: als Schulderfüllung). Vgl heute: solvent, insolvent, Insolvenz.

Ein

solutionis causa adiectus

ist ein „der Erfüllung (Zahlung) wegen Hinzugefügter" (**causa**: Präp. + Gen.: um … willen, wegen; **adiectus** von **adicio** 3, -ieci, -iectus: beifügen, hinzusetzen, -fügen). Der Gläubiger nennt hier dem Schuldner einen Dritten als Zahlungsempfänger, bei dem er auch schuldbefreiend leisten kann.

Im älteren römischen Recht bewirkt die Leistung allein nicht Haftungslösung. Es bedarf dazu eines

contrarius actus Gegenakt (zum Schuldbegründungsakt), entgegengesetzte Handlung, entgegengesetztes Rechtsgeschäft (**actus**, -us m.: auch: Handlungsweise; **contrarius** 3: entgegengesetzt).

Beispiele:

solutio per aes et libram

Erfüllung (Haftungslösung) durch einen Libralakt (durch Kupfer und Waage; s S 48)

acceptilatio (-onis f.)

förmliche Bestätigung der Erfüllung einer Stipulationsschuld (unter Verwendung ähnlicher Wortformeln wie dort; **accipio** 3, -cepi, -ceptus: in Empfang nehmen, erhalten, annehmen). Die **acceptilatio** kann auch zum Erlaß der Schuld dienen (wenn in Wirklichkeit nicht erfüllt wurde).

Schulderlaß ist auch möglich durch ein

pactum de non petendo

(formlose) Abrede des Nichtklagens (**de**: Präp. + Abl.: von, über; **petendo**: Gerundium von **peto** 3, -ivi -itus: fordern, verlangen) = Erlaß. Klagt der Gläubiger trotzdem, steht ihm als Einrede des Schuldners die

exceptio pacti entgegen (Schuld erlischt **per exceptionem**, s o).

datio in solutum Leistung an Erfüllungs statt (eigentlich: Leistung als Erfüllung; **solutio** s o). Hier wird etwas anderes als das Geschuldete geleistet, dies gilt als Erfüllung, wenn der Gläubiger damit einverstanden ist.

transactio (-onis f.) Vergleich = die unter beiderseitigem Nachgeben einverständliche Neufestlegung eines strittigen Anspruchs

Eine Schuld kann aber auch dadurch untergehen, daß ihr eine Gegenforderung entgegensteht. Dabei werden zwei entgegenstehende Forderungen durch Verrechnung getilgt (wechselseitiger Ausgleich von **debitum** und **creditum**). Man nennt diesen Vorgang

compensatio (-onis f.)
Aufrechnung, Abrechnung, Ausgleichung (**compenso** 1: gegeneinander aufrechnen, ausgleichen); davon heute: Kompensation; im Prozeß: Kompensandoeinwendung = Aufrechnungseinwendung, kompensieren.
Im römischen Recht ist es dafür zuweilen von Bedeutung, ob die Forderungen

konnex, dh aus demselben Schuldverhältnis sind (**con[n]ecto** 3, -nexui, -nexus: verknüpfen, verbinden; auch heute: Konnexität).

Schließlich kann eine Obligation untergehen durch

confusio (-onis f.) Vereinigung, Vermischung (von Gläubiger- und Schuldnerstellung); heute: Konfusion (auch: Vermischung, Vermengung im Sachenrecht).

Die Umwandlungen von Obligationen bezeichnet man als

novatio (-onis f.) Neuerungsvertrag, Erneuerung durch Änderung des Rechtsgrundes oder eines anderen Elementes der Obligation (zB: Umänderung einer Leihe in eine Miete). Dieses neue Element bezeichnet man als

novum (**novus** 3: neu). Die Absicht der Erneuerung oder Umwandlung der alten Obligation in eine neue nennt man

animus novandi Erneuerungsabsicht, -wille (**novo** 1: erneuern; **novandi**: Gerundium).

Soll der Gläubiger einer Obligation wechseln, heißt dieser Vorgang

cessio (-onis f.) Zession, Forderungsabtretung (**cedo** 3, cessi: sich zurückziehen, weichen; hier: abtreten, überlassen; vgl S 83: **in iure cessio**).

Die Parteien heißen:

Zedent der (alte) Gläubiger (**cedens**, -entis: „der Abtretende"), der aus dem Schuldverhältnis ausscheidet

Zessionar der neu eintretende Gläubiger

debitor cessus der „abgetretene" Schuldner der Forderung

zedieren (die Forderung) abtreten

Legalzession (cessio legis)
eine vom Gesetz selbst angeordnete Zession, die **ipso iure** eintritt

cessio necessaria „notwendige Zession" (vgl § 1422 ABGB).

Die

assignatio (-onis f.)
oder Anweisung ist dagegen ein dreipersonales Rechtsverhältnis, in dessen Rahmen ein Anweisender (**Assignant**) jemanden (Angewiesener oder **Assignat**) anweist, an einen Dritten (**Assignatar** oder Anweisungsempfänger) zu leisten. Bei der handelsrechtlichen Anweisung (dem Wechsel) bedeutet

Indossament (von **in** und **dorsum**, -i n.: Rücken) die schriftliche Anordnung des Erstberechtigten (**Indossant**), an einen nächsten Berechtigten (**Indossatar**) zu leisten. Der erste Berechtigte wird auch als

Remittent (Wechselnehmer) bezeichnet. Der Angewiesene heißt

Akzeptant, sobald er die Anweisung angenommen hat (von **accipio** 3, -cepi, -ceptus: annehmen), seine Annahmeerklärung

Akzept oder **Wechselakzept**

Das römische Recht kennt ein ähnliches Rechtsverhältnis, die

delegatio (-onis f.) Anweisung, Delegation (**delego** 1: beauftragen, anweisen; davon heute: Delegation, delegieren). Man unterscheidet hier

delegatio solvendi Zahlungsanweisung (**solvere**: s o); wörtlich: Anweisung des Zahlens (Gerundium) und

delegatio obligandi Verpflichtungsanweisung; wörtlich: Anweisung des sich Verpflichtens; hier weist der Anweisende (**Delegant**) den Angewiesenen (**Delegat**) an, gegenüber dem Anweisungsempfänger (**Delegatar**) eine Verpflichtung einzugehen.

Interzession der Eintritt in eine fremde Verbindlichkeit, die Übernahme derselben, va auch das Einstehen für sie als Bürge (**intercessio**, -onis f. von **intercedo** 3, -cessi, -cessum: dazwischentreten, eintreten; gemeint ist Dazwischentreten zwischen Gläubiger und Schuldner). Interzessionsgeschäfte sind etwa

sponsio (-onis f.)

fideiussio (-onis f.)

fidepromissio (-onis f.) Bürgschaftsformen im römischen Recht; alle Anwendungsformen der Stipulation (vgl S 103).

II. Abschnitt

5. Kapitel: Begriffe aus dem Erbrecht

Das Erbrecht regelt die Nachfolge in das Vermögen und die Verbindlichkeiten eines Verstorbenen. Den Inbegriff dieser Rechte und Verbindlichkeiten nennt man Nachlaß oder Verlassenschaft. Im römischen Recht

hereditas (-atis f.) Erbschaft, Inbegriff der Vermögensrechte, die Gegenstand der Erbfolge sind

heres (-edis m./f.) Erbe(-in). Der Erbe ist

Universalsukzessor Gesamtrechtsnachfolger, die Erbschaft ist

Universalsukzession
Gesamtrechtsnachfolge, Eintreten in die Rechtsstellung des Erblassers, ursprünglich auch im religiösen und kultischen Bereich, heute nur Übernahme der vererblichen vermögenswerten Rechte und Pflichten (**succedo** 3, -cessi, -cessum: nachrücken, nachfolgen; **universalis**, -e: allgemein, gesamt). Das römische Recht spricht von

succedere in locum defuncti
an die Stelle des Erblassers treten, nachrücken (**defunctus**: der Verstorbene, PPP von **defungor** 3, -functus sum: zu Ende bringen, sterben, verscheiden; **in**: Präp. + Akk. als Kasus der Richtung; **locus**, -i m.: Ort, Platz, Stelle), auch

succedere in iura defuncti
in die Rechte des Verstorbenen nachfolgen.

Bei einer letztwilligen Zuwendung, die nicht in Form eines Erbteils hinterlassen wird, spricht man hingegen von einer

Singularsukzession Einzelrechtsnachfolge (**singularis**, -e: einzeln); Nachfolge hinsichtlich einzelner Sachen oder Rechtsvorteile (neben der Universalsukzession möglich, zB Legate)

Delation Erbanfall, Berufung zu einer Erbschaft (**delatio**, -onis f. von **defero**, -ferre, -tuli, -latus: herabtragen, antragen, anbieten)

Berufungsgründe (Delationsgründe) sind

ex testamento „aus dem Testament" (**e**, **ex**: Präp. + Abl.: aus) und

ab intestato „vom Testamentslosen“ (**intestatus** 3: ohne Testament; **a, ab**: Präp. + Abl.: von … her). Man nennt die

Intestaterbfolge „gesetzliche Erbfolge“, da die einschlägigen gesetzlichen Vorschriften anzuwenden sind, wenn kein Testament vorhanden ist, oder das Testament für ungültig erklärt wird.

successio ex testamento
testamentarische Erbfolge („Nachfolge aus dem Testament“)

testamentum (-i n.) Testament, letztwillige Verfügung von Todes wegen, die eine Erbeinsetzung enthält (**testor** 1: bezeugen, ein Testament machen)

Die wichtigste Testamentsform des römischen Rechts war das

testamentum per aes et libram
„Testament durch Kupfer und Waage“, auch Libral- oder Manzipationstestament (**mancipatio** s S 48), bei dem der Testator einem Treuhänder (**familiae emptor**: „Käufer des Vermögens“) vor Zeugen (**testes**) symbolisch sein Vermögen durch ein **negotium per aes et libram** (s S 48) übergab und die Namen der Erben bekanntgab. Später erfolgte die Erbeinsetzung regelmäßig schriftlich in Wachstafeln (**tabulae**), die bereits verschlossen von den am Libralakt Beteiligten versiegelt wurden.

Testator Verfasser eines Testamentes, seine Tätigkeit heißt

testieren bzw
testamentum facere:
ein Testament machen. Voraussetzung dafür ist der

animus testandi Testierwille, Bewußtsein des Erblassers, eine letztwillige Verfügung zu errichten, sowie die

testamenti factio Testierfähigkeit = Fähigkeit, ein Testament zu errichten bzw im römischen Recht auch die Fähigkeit, als Erbe eingesetzt zu werden (**factio**, -onis f.: das Machen, das Recht haben, zu machen)

Wichtigster Inhalt eines Testaments ist die

heredis institutio Erbeinsetzung, Bestimmung eines Alleinerben oder Einsetzung mehrerer Erben auf Bruchteile (**institutio**, -onis f.: Anweisung, Einsetzung)

II. Abschnitt

Im Testament vorgesehen sein kann eine

substitutio (-onis f.) Substitution (Ersatz, Stellvertetung), hier: Einsetzung eines Ersatz- oder Nacherben hinter dem eigentlichen Erben (**substituo** 3, -ui, -utus: an die Stelle von jemandem setzen; vgl substituieren, Substitut). Es gibt folgende Formen:

substitutio vulgaris

gemeine oder Vulgarsubstitution (**vulgaris**, -e: gewöhnlich, gemein) = Einsetzung eines oder mehrerer Ersatzerben für den Fall, daß der erste Erbe nicht erben kann oder will, um das Testament aufrecht zu erhalten und den Eintritt der Intestaterbfolge zu verhindern.

substitutio fideicommissaria

fideikommissarische Substitution (zum Begriff des Fideikommisses vgl S 128) = Nacherbschaft, Bestellung eines Nacherben nach dem ersten Erben. Da hier der Vorerbe die Erbschaft an den Substituten später herausgeben muß, hat er ihre Substanz zu schonen, seine Stellung ist jener des Usufruktuars ähnlich. Zur Sicherung des Nacherben dient die Errichtung eines Inventars, die Anmerkung des Substitutionsbandes im Grundbuch oder die Bestellung eines

Substitutionskurators

oder auch **Posteritätskurators** = Sachwalter für die Nachkommenschaft (**curator** s S 68; **posteri**: Nachkommen, von **posterus** 3: nachfolgend), wenn der Nacherbe zum Zeitpunkt des Erbanfalls noch nicht geboren ist. Weniger stark beschränkt ist der Vorerbe bei einem

fideicommissum eius quod supererit

„fideikommissarische Substitution auf den Überrest" (wörtl.: Fideikommiß dessen, was übrig sein wird; **supersum,** superesse: übrig sein, übrigbleiben).

substitutio pupillaris

Pupillarsubstitution (**pupillus**, -i m.: Unmündiger, Mündel, Waise) = Bestellung eines Nacherben für den Fall, daß der erste Erbe im unmündigen Alter sterben sollte und deshalb kein eigenes Testament errichten kann.

Allgemein galt im römischen Recht aber der Rechtssatz

semel heres semper heres

Einmal Erbe, immer Erbe. Eine Erbeinsetzung kann nicht auflösend bedingt sein (**semel**: einmal, wenn einmal; **semper**: immer).

codicilli letztwillige Verfügungen ohne **heredis institutio**, heute: Kodizill (Pluralwort; **codicillus**, -i: mit Wachs überzogene Holztafel, Brief); der Testator kann darin vor allem Legate oder Fideikommisse (dazu gleich) anordnen.

codicilli testamento confirmati
im Testament bestätigte Kodizille, darin enthaltene Anordnungen gelten als Testamentsinhalt (**confirmo** 1: bekräftigen, bestätigen).

Kodizillarklausel Im römischen Recht die Bitte des Erblassers, sein Testament im Fall der Unwirksamkeit als Kodizill zu behandeln.

Für die Auslegung des Testaments besteht auch heute der Grundsatz des

favor testamenti „Testamentsbegünstigung“ (**favor**, -oris m.: Begünstigung): Die Auslegung des Testaments ist im Zweifel immer so vorzunehmen, daß es trotz etwaiger Fehler, wenn möglich, aufrecht bleiben kann, da dies üblicherweise dem Erblasserwillen (**voluntas testatoris**) entspricht. Auch die Ungültigkeit einzelner Verfügungen soll nicht das ganze Testament vernichten.

legatum (-i n.) Legat, Vermächtnis, letztwillige Zuwendung einzelner Sachen oder Rechtsvorteile: förmliche Anordnung einer Singularsukzession (**lego** 1: vermachen; auch: als Gesandte schicken).

Legatar der Bedachte, der Vermächtnisnehmer

Das Legat kann verschiedene Inhalte haben, zB

legatum nominis Zuwendung einer Forderung des Erblassers, sodaß der Legatar Gläubiger wird (**nomen**, -inis n.: eigentl. Name, auch: Forderung)

legatum liberationis
„Befreiungsvermächtnis“; der Legatar, der Schuldner des Erblassers war, erhält einen Schulderlaß (**liberatio**, -onis f.: Befreiung)

legatum debiti Erfüllung einer schon bestehenden Schuld (**debitum**) durch Legat

praelegatum „Vorauslegat“; einem auch sonst eingesetzten Erben wird eine bestimmte Sache „im voraus“, vermacht (**prae**: vor)

sublegatum „Untervermächtnis“ (**sub**: unter, unterhalb): Belastung eines Legatars mit einem weiteren Vermächtnis.

II. Abschnitt

Das Legat kann in folgenden Rechtsformen auftreten:

legatum per vindicationem
Vindikationslegat, dinglich wirkendes Legat, bei dem der Bedachte **ipso iure** ein dingliches Recht erhält und dieses gegen den Erben mit der entsprechenden **vindicatio** (s S 88) durchsetzen kann (zB Eigentumsklage auf den vermachten Gegenstand). Im österreichischen Recht heute nur mehr bei Ehegattenwohnungseigentum.

legatum per damnationem
Damnationslegat (**damno** 1: verurteilen, verpflichten): „Legat durch Verpflichtung"; den Erben trifft eine schuldrechtliche Verpflichtung auf Erfüllung des Vermächtnisses (heute der überwiegende Legatstyp), gefordert wird es mit einer

actio ex testamento Klage aus dem Testament.

Für den Erwerb des Legats ist zu unterscheiden zwischen

dies cedens „Anfalltag" des Legats = Todestag des Erblassers (**cedo** 3, cessi: auch: eintreten; hier: Part. Präs.) und

dies veniens „der kommende Tag" = Erfüllungs-, Zahlungstag des Legats, Fälligkeitstag (**venio** 4: kommen, herankommen, sich zeigen; hier: Part. Präs.).

quarta Falcidia „Falzidische Quart" (**quarta pars**: Vierteil). Durch eine **lex Falcidia** wurde bestimmt, daß dem Erben, der ja auch für die Schulden des Erblassers haftete, 1/4 der Erbschaft unbelastet von Legaten bleiben müsse. Wurde der Nachlaß zu mehr als 3/4 mit Legaten belastet, wurden sie anteilsmäßig gekürzt.

fideicommissum (formloses Vermächtnis) war ursprünglich eine Bitte des Erblassers an den Erben (**id fidei tuae committo**: ich überlasse es deiner Treue; **committo** 3 -misi, -missus: anvertrauen, überlassen), etwas zu tun (zB jemandem etwas zuzuwenden); die anfänglich nur sittliche Verpflichtung wurde später klagbar. Ein

fideicommissum hereditatis
Erbschaftsfideikommiß oder auch **Universalfideikommiß** ist die formlose Anweisung an den Erben, die gesamte Erbschaft an den Begünstigten (**Fideikommissar**) weiterzugeben. Auf diese Weise versuchte man in Rom, eine Art Nacherbfolge zu verwirklichen, die

nach den erbrechtlichen Bestimmungen nicht möglich war (**semel heres semper heres**).

successio ab intestato

Erbfolge ohne Testament (wörtlich: „vom Untestierten“; **intestatus** 3: ohne Testament); gesetzliche Erbfolge oder Intestaterbfolge. Das römische Erbrecht berief zunächst die

sui heredes Hauserben (auch **heredes domestici; domesticus** 3: Haus-); wörtlich: „seine Erben“ (**suus**: Possessivpronomen); das sind diejenigen, die mit Tod des männlichen Erblassers **sui iuris** wurden (vgl o S 63). Gab es keine Hauserben, wurden als nächste die

heredes extranei Außenerben (**extraneus** 3: fremd, außenstehend), das sind andere Verwandte, die nicht unter der Hausgewalt des Erblassers standen, va der **proximus adgnatus** (s S 65), berufen.

Heute folgt die gesetzliche Erbfolge dem

Parentelensystem (**parentela**, -ae f.: Verwandtschaft; vgl auch **parentes**, -um m.: Eltern), das jeweils von Eltern und deren Nachkommenschaft ausgeht. Die erste Parentel bilden die

Deszendenten Nachkommen, Abkömmlinge des Erblassers (**descendo** 3, -scendi, -scensum: herabsteigen); nach ihnen berufen werden seine

Aszendenten Vorfahren (**ascendo** 3, -scendi, -scensus: hinaufsteigen); zuerst die Eltern des Erblassers (und deren Deszendenten).

Das

Repräsentationsrecht

oder Eintrittsrecht bedeutet, daß der Anteil eines schon vorverstorbenen Berufenen an seine Nachkommen fällt (**repraesento** 1: vergegenwärtigen, darstellen).

Primogenitur „Erstgeburt“, Prinzip der Alleinerbfolge des Erstgeborenen (**gigno** 3, genui, genitus: zeugen, hervorbringen; **primo**: zuerst)

Anders als heute galt im römischen Recht der Satz

nemo pro parte testatus, pro parte intestatus decedere potest

wörtlich: Niemand kann teils (für einen Teil) mit, teils ohne Testament sterben; gemeint ist, daß testamentarische und Intestaterbfolge nebeneinander nicht möglich sind (**nemo** m.: niemand; **pars**, partis f.: Teil; **pro**: Präp. + Abl.: nach, gemäß, für; **decedo** 3, -cessi, -cessum: sterben, verscheiden, weggehen; **potest**: er/sie/es kann, von **posse**).

heredes domestici (vgl o: **sui heredes**) waren im römischen Recht

heredes necessarii

notwendige Erben (**necessarius** 3: notwendig), dh sie erwarben die Erbenstellung schon mit dem Tod des Erblassers. Sie hatten aber das

beneficium abstinendi

Möglichkeit der Enthaltung von der Erbschaft (**beneficium**, -i n.: Rechtswohltat; **abstineo** 2, -nui, -tentus: sich enthalten; vgl Abstinenz).

heredes extranei dagegen waren

heredes voluntarii (**voluntarius** 3: vom Willen abhängig, aus freiem Willen), dh sie mußten die Erbschaft nicht antreten. Man unterscheidet

Delation Erbanfall (vgl S 124) und

Akquisition Erbschaftserwerb (heute: Einantwortung; **acquiro** 3, -quisivi, -quisitus: erwerben). Voraussetzung dafür ist eine

aditio hereditatis Antritt der Erbschaft (**aditio**, -onis f. zu **adeo**, -ire, adii, aditus: herangehen, angreifen, losgehen auf).

Seine Bereitschaft, die Erbschaft anzutreten, konnte der Berufene im römischen Recht ausdrücklich oder konkludent erklären:

cretio (-onis f.) förmliche Erklärung, die Erbschaft antreten zu wollen (**cerno** 3, crevi, cretus: sich entscheiden, annehmen)

gestio pro herede „Verhalten als Erbe", konkludenter Erbschaftsantritt, Handlungsweise wie ein Erbe, also ein Verhalten, in dem sich der Wille der Erbschaftsannahme ausdrückt (**pro**: Präp. + Abl.: für, statt, wie, als; **gestio**, -onis f.: Vornahme von [juristischen] Handlungen; zu **gero** 3, gessi, gestus: ausführen, verrichten, eine juristische Handlung vornehmen).

Zwischen Erbanfall und Erwerb ist die Erbschaft „herrenlos", eine

hereditas iacens heute: „ruhende Erbschaft“ (**iaceo** 2, -ui: liegen); sie wird als juristische Person angesehen. Das römische Recht kannte hier die Möglichkeit der

usucapio pro herede

die Ersitzung der Erbenstellung (**usucapio** s S 84; **pro**: Präp. + Abl. für, als), ursprünglich sogar für den schlechtgläubigen Besitzer in 1 Jahr, um die berufenen Erben zu veranlassen, sich rasch um den Nachlaß zu kümmern.

Im römischen Recht bestand die Besonderheit, daß sich neben der Erbfolge nach **ius civile** (s o S 26) eine zweite Erbfolgeordnung nach **ius honorarium** (s o S 27) entwickelte, die die Schwächen des alten (zivilen) Erbrechts ausgleichen sollte und es zu diesem Zweck auch korrigierte. Das vom Jurisdiktionsmagistrat (Prätor) zugesprochene Recht nannte man

bonorum possessio

„Erbschaftsbesitz“, wörtlich: Besitz der Güter (**bonum**, -i n.: das Gute, Gut; Plural: die Güter, das Vermögen; **possessio**: s S 76). Der Erbschaftsbesitzer selbst wurde

bonorum possessor

genannt, nicht **heres**. Erst nach Ablauf der Ersitzungszeit erlangte er die Erbenstellung nach **ius civile**.

Wurde der Erbschaftsbesitz aufgrund eines vom Prätor anerkannten Testaments erteilt, sprach man von einer

bonorum possessio secundum tabulas

Erbschaftsbesitz gemäß den (Testaments-)Tafeln (**secundum**: Präp. + Akk.: nach, gemäß, übereinstimmend, zugunsten; **tabula**, -ae f.: Brett, [Schreib-]Tafel, Urkunde; meist im Plural).

Wurde ein Testament von den übergangenen Intestaterben erfolgreich angefochten, nannte man den vom Prätor zugesprochenen Erbschaftsbesitz

bonorum possessio contra tabulas

Erbschaftsbesitz gegen die Testamentstafeln.

Dem Erbschaftserwerb können im Wege stehen

Inkapazität Erwerbsunfähigkeit (**incapacitas**, -atis f.: Unfähigkeit; vgl Kapazität: Leistungsvermögen); die Unfähigkeit, aufgrund einer letztwilligen Verfügung etwas zu erlangen (besteht zB zwischen Teilnehmern eines Ehebruches oder nach den Augusteischen Ehegesetzen für Unverheiratete [**caelibes**] zur Gänze, für Kinderlose [**orbi**] zur Hälfte).

Indignität Erbunwürdigkeit (**indignitas**, -atis f.: Unwürdigkeit; vgl **dignus** 3: würdig); Ausschluß des Erbanfalls etwa wegen schwerer Verfehlungen gegen den Erblasser oder gegen das Testament (zB Fälschung, Unterdrückung)

Hat der Erblasser Schulden, so hat der Erbe die Möglichkeit des

beneficium inventarii

„Rechtswohltat des Inventars" (**inventarium**, -i n.: Verzeichnis); dh er kann ein Verzeichnis der Erbschaftsgegenstände anlegen lassen und haftet dann nur

pro viribus hereditatis

„für den Inhalt" bzw „gemäß dem Inhalt der Erbschaft" (**vis** f.: Kraft, Stärke; Plural **vires**, -ium auch: Vermögen; **pro**: Präp. + Abl.: gemäß, für; **hereditas**: s o); dh nur bis zur Höhe der übernommenen Aktiva; umfänglich (rechnerisch) beschränkte Haftung (auch mit eigenem Vermögen), im römischen Recht aber

cum viribus hereditatis

mit (**cum**) dem Inhalt der Erbschaft, also direkt mit den Erbschaftsgegenständen (keine betragsmäßig, sondern gegenständlich, sachlich beschränkte Haftung).

Heute wird die Inventarerstellung mit einer

Gläubigerkonvokation

„Rechnungsruf", Zusammenrufen der Gläubiger (**convoco** 1: zusammenrufen) verbunden.

Bei überschuldetem Nachlaß kann vom Gericht auch eine

iure-crediti-Einantwortung

Einantwortung nach Gläubigerrecht (Abl.) zugelassen werden, durch die den Gläubigern das Vermögen an Zahlungs statt abgetreten wird.

Hat der Erbe selbst Schulden, können die Nachlaßgläubiger eine

separatio bonorum
verlangen: „Absonderung der Güter“ (**separatio**, -onis f.: Absonderung); Nachlaßabsonderung oder -separation zum Zweck der Sicherung der Nachlaßgläubiger (führt zur **cum-viribus**-Haftung des Erben ihnen gegenüber)

Kaduzität Heimfall an den Staat, wenn kein Erbe vorhanden ist (**caducus** 3: herrenlos, verfallen); man spricht in diesem Fall von einer „kaduk“ gewordenen Erbschaft.

Aus der Rechtsgeschichte stammt das

ius spolii „Spolienrecht“, Anspruch des Königs auf das bewegliche Vermögen verstorbener geistlicher Fürsten (**spolium**, -i n.: dem Feind abgenommene Kleidungsstücke, Beute)

hereditatis petitio Erbschaftsklage (**petitio**, -onis f.: Anspruch, Klage; **petere**: ein Recht behaupten, klagen)

exheredatio (-onis f.)
ausdrückliche Enterbung von Pflichtteilsberechtigten.

exheredatio bona mente
„Enterbung in guter Absicht“ nennt man die Enterbung eines verschuldeten oder verschwenderischen Noterben, um dessen Nachkommen den Nachlaß zuzuwenden (**mens**, mentis f.: Denkkraft, Geist, hier Absicht; **mente**: Abl.; **bonus** 3: gut).

praeteritio (-onis f.)
Übergehung von Pflichtteilsberechtigten (**praetereo**, -ire, -ii, -itus: vorübergehen, übergehen). **Praeterition** heute: irrtümliche Übergehung, etwa eines dem Erblasser nicht bekannten Kindes.

Die Geburt eines **postumus** (s S 60), den der Erblasser nicht erwähnt hat, macht das Testament ungültig:

testamentum ruptum
„zerschlagenes Testament“ (**rumpo** 3, rupi, ruptus: zerbrechen, zerreißen ...)

Erhält ein naher Angehöriger nicht einmal seinen Pflichtteil (**portio debita** = geschuldeter Anteil), kann er das Testament anfechten. Im römischen Recht hieß die entsprechende Klage

II. Abschnitt

querel(l)a inofficiosi testamenti

die „Beschwerde des pflichtwidrigen Testaments". Der Vorwurf gegen den Erblasser besteht darin, daß er gegen die sittliche Pflicht, seine nahen Angehörigen angemessen zu bedenken, verstoßen hat (**querela**, -ae f.: Klage, Beschwerde; **inofficiosus** 3: pflichtwidrig, ungefällig). Oft wurde dabei mit dem

color insaniae argumentiert: der „Anschein des Wahnsinns", die geistige Umnachtung des Testators zum Zeitpunkt der Testamentserstellung (**color**, -oris m.: Farbe, Schein, Vorwand; **insania**, -ae f.: Wahnsinn, Ungeheuerlichkeit).

Im klassischen römischen Recht erhielt man bei erfolgreicher Testamentsanfechtung den vollen Intestaterbteil, erst durch Kaiserrecht wurde eine

actio ad supplendam legitimam

Klage auf Ergänzung des Pflichtteils, eingeführt (**actio** s S 46; **ad**: Präp. + Akk.: zu, für, auf; **suppleo** 2, -plevi, -pletus: nachfüllen, ergänzen; **legitimus** 3: gesetzlich, gemeint ist hier der gesetzliche Pflichtteil).

Kassatorische Klausel

„Bestreitungsverbot", Strafklausel, in welcher der Erblasser für den Fall der Bestreitung des Testaments mit dem Entzug von Vorteilen aus dem Nachlaß droht (**kassatorisch**: vernichtend, von **casso** 1: für ungültig erklären)

Weitere erbrechtliche Begriffe

transmissio (-onis f.)

„Vererbung (Überleitung) des Erbrechts" im Fall des Todes des Berufenen vor Annahme der Erbschaft (**trans**: hinüber, über; **transmitto** 3, -misi, -missus: hinüberschicken, übergehen lassen, überlassen); heute: Transmission

Akkreszenz Anwachsung (**accresco** 3, -crevi: hinzuwachsen, hinzukommen); fällt einer von mehreren Erben aus, so wird sein Anteil den anderen im Verhältnis ihrer Erbteile zugeschlagen

collatio (-onis f.) „Zusammentragen" (auch Beisteuer, Vergleichung): Kollation, Anrechnung von Vermögenswerten, die einzelne Erben bereits früher vom Erblasser bekommen haben, bei der Erbverteilung (zB Anrechnung einer Mitgift der Erblassertochter; sog **collatio dotis**)

donatio mortis causa

Schenkung „von Todes wegen“ (**mors**, mortis f.: Tod; **causa** + Genetiv: um ... willen, wegen; **donatio**, -onis f.: Schenkung); Schenkung unter der Bedingung, daß der Beschenkte den Schenker überlebt.

consortium (-i n.) Erbengemeinschaft, in welcher die römischen Hauserben ursprünglich nach dem Erbfall die Hausgemeinschaft genossenschaftlich fortsetzten (**consortium**: Gemeinschaft, Genossenschaft; davon heute: Konsortium; **consors**, -rtis von **cum** + **sors** eigtl. „gleiches Los habend“, gleichbeteiligt, in Gütergemeinschaft lebend), sie hieß auch

ercto non cito von **erctum ciere**: eine Teilung vornehmen, also: ohne daß eine Teilung vorgenommen wurde (Abl. abs.). Die Erbteilungsklage hieß dementsprechend

actio familiae (h)erciscundae

Klage auf Teilung des Vermögens (**familia**, -ae f.: hier Vermögen).

Aus der Rechtsgeschichte stammt diese Regel zur Erbteilung:

maior dividat, minor eligat:

Der Ältere möge teilen, der Jüngere soll wählen. (**divido** 3, -visi, -visus: teilen; **eligo** 3, -legi, -lectus: auswählen).

III. Abschnitt

Das Strafrecht hat das Zusammenleben der Menschen zu schützen. Bei seiner Aufgabe der Erhaltung des Friedens in der menschlichen Gemeinschaft steht dem Staat das

ius puniendi das Recht zu strafen, das Recht, bestimmte Verhaltensweisen mit Strafandrohung zu belegen und die Strafe auch durchzuführen, zu (**punio** 4: [be-]strafen, rächen; **puniendi**: Gerundium).

Die Unrechtstat des einzelnen, die mit Strafe bedroht ist, ist das

delictum (-i n.) Delikt, Fehler, Vergehen, unerlaubte, strafbare Handlung, Verbrechen; das dazugehörige Verb ist

delinquo (3, -liqui, -lictum)
fehlen, sich vergehen, verschulden; davon heute

Delinquent der Verbrecher, Übeltäter (Part. Präs.: **delinquens**, -entis: der sich Vergehende)

Wie bereits im Schuldrecht erörtert (S 111), wurden im römischen Recht die **delicta privata**, die Vergehen gegen den einzelnen und sein Vermögen nur auf Betreiben des Verletzten verfolgt, die Rechtsfolgen (Bußzahlung und/oder Schadenersatz) betrachtete man als privatrechtlichen Anspruch des Verletzten, nur er konnte ihn geltend machen. Lediglich die

crimina publica, besonders schwere oder sich gegen die Allgemeinheit richtende Unrechtstaten (Mord, Landesverrat) wurden von Amts wegen verfolgt. Von der Bezeichnung

crimen (-inis n.) Verbrechen, Schuld, auch: Vorwurf, Anklage, leiten sich zahlreiche Termini des heutigen Strafrechts ab:

Kriminalität Straffälligkeit, die Begehung von Straftaten (**Kriminal**-: Verbrechen, Straftat, Täter betreffend; zB: Kriminalpolizei, Kriminalität, Kriminalsoziologie usw)

kriminell verbrecherisch

inkriminieren jemanden beschuldigen, jemandem etwas zur Last legen

Kriminologie Lehre von der Verhütung und Aufklärung von Verbrechen; hier wird das Erfahrungswissen über Straftat, Täter und Opfer gesammelt. Ein Teilgebiet dieser empirischen Grundlagenwissenschaft ist die

Viktimologie (**victima**, -ae f.: Opfer) „Opferkunde“, die sich mit der Beziehung zwischen Täter und Opfer beschäftigt.

Als weitere Bezeichnung für die Unrechtstat begegnet

scelus (-eris n.) Verbrechen, Frevel, Untat.

sanctio (-onis f.) Strafbestimmung, Rechtsfolge, Sanktion; im Strafrecht regelmäßig

poena (-ae f.) Buße, Strafe, auch: Rache (heute noch: Pönale)

poena capitalis Todesstrafe (**capitalis**, -e: das Leben betreffend)

poena talionis Vergeltungsstrafe (**talio**, -onis f.: Wiedervergeltung durch Gleiches; davon: **Talionsprinzip**)

multa (-ae f) Strafe am Eigentum, Geldstrafe

exilium (-i n.) (auch: **exsilium**) Verbannung, Exil

Kompositionensystem
nennt man das in der Rechtsgeschichte bis ins Mittelalter reichende System, in dem das Unrecht durch Bußleistungen an den Verletzten ausgeglichen werden soll (**compositio**, -onis f.: Zusammenstellung, Aussöhnung, Einigung, Streitbeilegung).

Heute hat das Strafrecht einerseits

repressive Funktion
unterdrückende Funktion; dh auf die Unrechtstat soll Vergeltung folgen (**reprimo** 3, -pressi, -pressus: unterdrücken, zurückdrängen); andererseits

präventive Funktion
vorbeugende Funktion (**prae-venio** 4, -veni, -ventus: zuvorkommen, verhindern), dh das Strafrecht soll künftige Straftaten verhindern. Man unterscheidet

Spezialprävention
Eine bestimmte Person soll von zukünftigen strafbaren Handlungen durch Strafdrohung oder Strafverhängung abgehalten werden (**specialis**, -e: besonders, einzeln) und

III. Abschnitt

Generalprävention

die Strafdrohung oder die Bestrafung eines Täters soll auf die Allgemeinheit erzieherisch wirken und sie von der Begehung strafbarer Handlungen abhalten (**generalis**, -e: allgemein). Vgl

punitur ne peccetur

„Es wird gestraft, damit nicht gefehlt wird" (**punio** 4: strafen, Rache nehmen; **pecco** 1; fehlen, sündigen; **ne**: daß nicht, damit nicht).

Der Geltungsbereich von Strafrechtsnormen kann sich orientieren am

Personalitätsprinzip oder am

Territorialitätsprinzip

(vgl o S 44).

Ubiquitätsprinzip

(**ubique**: wo auch immer, überall): eine Tat gilt im Inland begangen, wenn zwar die Handlung im Ausland gesetzt wurde, der Erfolg aber im Inland eingetreten ist (zB: Verschickung eines „Sprengstoffbriefes")

Universalitätsprinzip

Prinzip der Weltstrafrechtspflege (**universalis**, -e: allgemein); gewisse Delikte kann der Staat verfolgen, gleichgültig, wo sie geschehen sind (zB Suchtgiftdelikte).

Grundsätze des Strafrechts:

nullum crimen sine lege

Kein Verbrechen ohne Gesetz. Verbrechen ist nur, was vom Strafgesetz ausdrücklich unter Sanktion gestellt ist (**sine**: Präp. + Abl.: ohne; **lex**, legis f.: Gesetz; **crimen**: s S 136).

nulla poena sine lege (scripta)

Keine Strafe ohne (geschriebenes) Gesetz. Strafen dürfen nur verhängt werden, wo dies ausdrücklich gesetzlich angeordnet ist. Eine „Straflücke" darf vom Richter zum Nachteil des Angeklagten weder durch Analogie (s S 40) noch durch rückwirkende Anwendung eines Strafgesetzes, das zum Zeitpunkt der Tat noch nicht in Geltung war, geschlossen werden.

Strafrechtsnormen können enthalten:

deskriptive Tatbestandsmerkmale
beschreibende Merkmale (**describo** 3, -scripsi, -scriptus: beschreiben, schildern); zB: „Person weiblichen Geschlechts"

normative Tatbestandsmerkmale
(durch Wertung) „ausfüllungsbedürftige" Merkmale (vgl **norma**: o S 27); zB: „unzüchtige Handlung".

Erforderlich zur Strafbarkeit einer Handlung ist Rechtswidrigkeit (**iniuria**) und Verschulden (zu Kausalität, Rechtswidrigkeit und Schuld vgl auch o S 113 ff). Der strafrechtliche Handlungsbegriff bezieht sich jedoch nur auf ein vom Willen beherrschbares Verhalten. Nicht zugerechnet wird jemandem eine Handlung, die durch

vis absoluta absolute (unwiderstehliche) Gewalt (**absolutus** 3: vollständig, uneingeschränkt, vollkommen; **vis**, vim, vi f.: Gewalt) von ihm erzwungen wurde. Der Gezwungene ist hier zu einer eigenen Willensbildung nicht fähig, als Handelnder gilt der, der den Zwang ausübt (zB: körperliche Überwältigung).

vis compulsiva willensbeugende (zwingende) Gewalt (**compulso** 1: heftig drängen, stoßen). Die ausgeübte Gewalt schließt den Willen des Gezwungenen nicht aus, ist jedoch so intensiv, daß sie seinen Willen beugt (zB: psychische Gewalt).

Affekthandlungen Handlungen, die in heftiger Gemütsbewegung vorgenommen werden (**affectus**, -us m.: Gemütsstimmung, Erregung, Leidenschaft). Die Affekthandlungen gehören zu den

impulsiven Handlungen,
die durch einen plötzlichen Antrieb veranlaßt werden. Sie kommen zwar unter Hintansetzung der Persönlichkeit des Täters zustande, aber nicht unter Ausschaltung seines Willens (**impello** 3, -puli, -pulsus: antreiben, veranlassen, verleiten).

Eine Handlung im strafrechtlichen Sinne kann sowohl ein Tun als auch ein Unterlassen sein. Man unterscheidet zwischen

Kommissivdelikten,
die im positiven Tun bestehen (**committo** 3, -misi, -missus: begehen, verüben; kommissiv: begehend) und

Omissivdelikten, Unterlassungsdelikten (**omitto** 3, -misi, -missus: fahren lassen, sein lassen, übergehen, von etwas absehen; omissiv: unterlassend).

III. Abschnitt

Rechtswidriges Unterlassen ist die Nichtvornahme eines gebotenen Tuns. Eine Handlungspflicht ergibt sich zuweilen aus dem

Ingerenzprinzip Wer jemanden in eine gefährliche Situation bringt, hat zu handeln, um die Gefahr von ihm abzuwenden (**ingero** 3, -gessi, -gestus: hineinbringen, hineintragen, zufügen, aufdrängen). Aus dem gefahrbegründenden Verhalten leitet man hier eine sog Garantenstellung des Handelnden ab.

Hinsichtlich der Rechtswidrigkeit gilt:

vim vi repellere licet

Es ist erlaubt, Gewalt mit Gewalt zurückzuschlagen (**licet**, licuit: es ist erlaubt, man darf; **repello** 3, reppuli, repulsus: zurückstoßen, abweisen; **vis**, vim, vi f.: Gewalt, Kraft, Angriff): Notwehrhandlungen sind nicht rechtswidrig (Notwehr ist ein Rechtfertigungsgrund).

Notwehrexzeß Notwehrüberschreitung, Notwehr mit nicht mehr angemessenen Mitteln (**excedo** 3, -cessi, -cessus: überschreiten, übersteigen)

Notwehrprovokation

absichtliches Herbeiführen einer Notwehrsituation (**provocatio**, -onis f.: Berufung, Aufforderung, Reizung, Herausforderung), um den Angreifer verletzen und sich dann auf Notwehr berufen zu können. Meistens wird dies als Rechtsmißbrauch gewertet. Das ergibt sich auch aus der Lehre der

actio illicita in causa

„unerlaubtes Handeln in der Verursachung" (**actio**, -onis f.: Tätigkeit, Handlung; **illicitus** 3: unerlaubt; **causa**, -ae f.: Grund, Ursache, Anlaß, Veranlassung)

Putativnotwehr Abwehrhandlung in der irrigen Annahme eines rechtswidrigen Angriffs, also einer Notwehrsituation (**puto** 1: glauben, meinen, dafürhalten)

volenti non fit iniuria

„dem Einwilligenden geschieht kein Unrecht" (**volens**, -entis: wollend, verlangend; Part. Präs. von **volo**, velle, volui: wünschen, begehren, verlangen; **fio**, fieri, factus sum: werden, geschehen; **iniuria**, -ae f.: Unrecht). Auch die Einwilligung zählt zu den Rechtfertigungsgründen. Allerdings muß sich die Einwilligung zum Eingriff auf ein

disponibles Rechtsgut,
ein Rechtsgut, über das man verfügen, auf das man verzichten kann, beziehen (**dispono** 3, -posui, -positus: aufstellen, anordnen, bestimmen, verfügen). Der Einwilligende muß auch die Dispositionsbefugnis (= die Verfügungsbefugnis) darüber besitzen.

Die Strafbarkeit einer rechtswidrigen Handlung verlangt darüber hinaus die Schuld des Täters. Es gilt der Satz

nulla poena sine culpa
keine Strafe ohne Schuld (**sine**: Präp. + Abl.: ohne; **culpa**, -ae f. hier: Schuld; **poena**, -ae f.: Strafe).

Kein Verschulden ist gegeben bei fehlender

Diskretionsfähigkeit
Fähigkeit, das Unrecht des eigenen Verhaltens einsehen zu können (**discerno** 3, -crevi, -cretus: unterscheiden, erkennen, einsehen), oder bei fehlender

Dispositionsfähigkeit
Fähigkeit, sein Verhalten zu bestimmen (**dispono** 3, -posui, -positus: ordnen, bestimmen, zurechtlegen).

Auch tiefgreifende Bewußtseinsstörungen wie Rauschzustand schließen die Schuldfähigkeit aus. Von einer (vorsätzlichen)

actio libera in causa
„freie Handlung in der Verursachung" (**actio**, -onis f.: hier: Handlung; **liber**, -a, -um: frei; **causa**, -ae f.: Grund, Ursache, Anlaß) spricht man, wenn sich der Täter vorsätzlich in einen Zustand der Schuldunfähigkeit versetzt, um eine rechtswidrige Tat zu begehen (zB: er betrinkt sich, um jemanden zu verprügeln). Hier kann ihm auch die im Zustand der Schuldunfähigkeit begangene Tat zugerechnet werden.

Verschuldensformen (dazu auch o S 114 f):

dolus (-i m.) Vorsatz, in den Formen

dolus directus direkter Vorsatz, der auf einen bestimmten Erfolg gerichtet ist (**directus** 3: gerade gerichtet, gerade)

III. Abschnitt

dolus eventualis Eventualvorsatz, bedingter Tatvorsatz, kein direkter Vorsatz, aber Erkennen eines möglichen Erfolges und Abfinden damit (**eventualis**, -e: möglicherweise eintretend, zu **eventus**, -us m.: Ausgang, Erfolg, Vorfall)

dolus alternativus Alternativvorsatz, dh der Täter handelt, obwohl er nicht genau weiß, welchen von mehreren Tatbeständen er verwirklichen wird (zB Schießen auf mehrere verfolgende Polizisten; **alterno** 1: abwechselnd erwägen)

dolus subsequens (superveniens)

„nachfolgender", erst nach Abschluß der Tat gefaßter Vorsatz (**subsequor** 3, subsecutus sum: nachfolgen; **supervenio** 4, -veni, -ventum: dazukommen). Der nachträgliche Vorsatz wie auch der

dolus antecedens, der „vorausgehende" Vorsatz (**antecedo** 3, -cessi, -cessum: voran-, vorausgehen), der zu einem früheren Zeitpunkt bestand, zum Tatzeitpunkt jedoch bereits aufgegeben war, fallen nicht unter den strafrechtlichen Vorsatzbegriff.

Ein Tatbildirrtum schließt den Vorsatz des Täters aus. Unbeachtlich (nicht vorsatzausschließend) wirkt ein

error in persona vel obiecto

Irrtum über das Deliktsobjekt (Identität des Opfers bzw Eigenschaften einer Person oder Sache), wenn es sich beim verletzten Objekt um ein gleichartiges Tatobjekt handelt (zB: Irrtum über die Identität einer Person bei Mord; **error**, -oris m.: Irrtum).

Nicht unter den Objektsirrtum eingeordnet wird die

aberratio ictus das „Abirren des Schlages" (**ictus**, -us m.: Schlag, Stoß, Wurf, Schuß, Hieb; **aberratio**, -onis f.: das Abirren, die Ablenkung), dh der Deliktserfolg tritt bei einer anderen Person oder einem anderen Objekt ein, als dies vom Täter geplant war. Der tatsächliche Deliktserfolg kann uU aber als fahrlässige Tat bestraft werden.

culpa (-ae f.) Fahrlässigkeit; wörtlich: Schuld, Verschulden. Je nach Grad des Außerachtlassens der gebührenden Sorgfalt unterscheidet man

culpa lata und **culpa levis**

(dazu o S 114).

Bei den Sonderdelikten, die nur von Personen mit bestimmten, im Gesetz umschriebenen Eigenschaften begangen werden können (zB von Amtsträgern), unterscheidet man bezüglich des Täters zwischen dem

intraneus, der diese besonderen Eigenschaften besitzt (**intraneus** 3: Innerer, innen Befindlicher, in den Angelegenheiten Heimischer), nur er kann der unmittelbare Täter sein, und dem

extraneus, dem Fremden, von außen Kommenden, der nur Beitrags- oder Bestimmungstäter sein kann.

omnimodo facturus

der „in jedem Fall handeln Wollende“, jemand, der bereits fest zu einer Tat entschlossen ist; er kann nicht mehr angestiftet werden (**omnimodo**: in jeder Weise, in jeder Hinsicht, auf jeden Fall; **facturus**: einer, der tun wird, Part. Futur von **facio** 3, feci, factus: tun, handeln).

Hat der Täter durch eine oder mehrere Handlungen, über die in einem Strafverfahren entschieden wird, gegen mehrere Strafgesetze verstoßen, steht der Rechtsanwendende vor dem Problem der

Konkurrenz (**concurro** 3, -curri, -cursum: zusammenlaufen, -treffen, -fallen) im Strafrecht: das Zusammenkommen mehrerer Straftaten, wodurch sich die Frage nach der Anwendbarkeit mehrerer Strafvorschriften stellt (s auch S 41).

Bei bloßer Scheinkonkurrenz „verdrängt“ (aufgrund von Spezialität, Subsidiarität, Konsumtion, dazu S 41 ff) eine Strafnorm die andere, es kommt nur eine Norm zur Anwendung. Bei den „echten“ Konkurrenzen unterscheidet man

Realkonkurrenz („Zusammenkommen“) Verwirklichung mehrerer Delikte durch mehrere aufeinanderfolgende selbständige Taten; „Tatmehrheit“ (**realis**, -e: sachlich, wirklich, zu **res**, rei f.: Sache, Handlung, Ereignis) und

Idealkonkurrenz mehrere Delikte werden vom Täter durch eine Tat verwirklicht, man spricht hier von „Tateinheit“ (**idealis**, -e: [nur] in der Vorstellung vorhanden, zu **idea**, -ae f.: Idee [griech. Lehnwort]).

Bei Vorliegen von echten Konkurrenzen muß der Richter mehrere (konkurrierende = zusammenkommende) Strafnormen berücksichtigen. Die Auswirkung des Zusammenkommens mehrerer Strafnormen auf die Strafbemessung kann verschieden sein:

Kumulation „Häufung“: mehrere Strafen werden nebeneinander (kumulativ) ausgesprochen (**cumulo** 1: häufen, vermehren, steigern)

Kombination Verbindung (**combino** 1: vereinigen, verbinden, verknüpfen) von verschiedenartigen Strafen

Absorption „Aufsaugung, Aufzehrung“: Bei Verwirklichung mehrerer Delikte soll bei gleichartigen Strafandrohungen (zB: Freiheitsentzug) die schwerste der in Frage kommenden Strafen zur Anwendung kommen (die leichteren Strafandrohungen werden „verschluckt“; **absorbeo** 2, -ui: hinunterschlucken, verschlucken, aufsaugen).

Asperation „Verschärfung“ (**asper**, -era, -erum: scharf, hart, streng): Bei Tatmehrheit wird eine Gesamtstrafe ausgesprochen, bei deren Ermittlung man von der schwersten angedrohten Strafe ausgeht und diese aufgrund der weiteren begangenen Delikte noch erhöht.

Werden vorbeugende Maßnahmen und Strafen nebeneinander angeordnet, gilt hinsichtlich des Vollzugs in der Regel das

Vikariieren Vorbeugende Maßnahmen werden vor der Strafe und unter voller Anrechnung auf sie („stellvertretend“) vollzogen (**vicarius** 3: stellvertretend).

Weitere Begriffe:

instrumenta sceleris
Verbrechenswerkzeuge (**scelus**, -eris n.: Verbrechen; **instrumentum**, -i n.: Werkzeug)

producta sceleris Produkte (Ergebnisse) einer strafbaren Handlung; zB Falschgeld (**produco** 3, -duxi, -ductus: erzeugen, hervorbringen, vorführen)

corpus delicti Gegenstand des Verbrechens; Beweisstück (**corpus**, -oris n.: Körper, Gegenstand)

crimen laesae maiestatis
Verbrechen der verletzten Hoheit; Majestätsbeleidigung, Majestätsverbrechen (**laedo** 3, laesi, laesus: verletzen; **maiestas**, -atis f.: Hoheit)

insultieren, Insult verhöhnen, verspotten; Verhöhnung, Beschimpfung (**insulto** 1; vgl auch: Verbalinjurie, o S 112)

Suizid Selbstmord (aus **sui**: seiner selbst und **caedo** 3, cecidi, caesus: morden)

Indikationenlösung

während der gesamten Schwangerschaft bildet das Vorliegen von gewissen Indikationen (**indicatio**, -onis f.: Veranlassung, Anzeichen, Merkmal), zB medizinischer, einen Rechtfertigungsgrund für den Schwangerschaftsabbruch.

notorisch offenkundig, allbekannt, gewohnheitsmäßig (**notorius** 3: anzeigend, kundtuend)

in flagranti auf frischer Tat („im brennenden [Zustand]"; **flagro** 1: brennen; **flagrans**, -antis: brennend, Part. Präs.)

Begriffe aus dem Bereich des Strafprozeßrechts (weitere Termini vgl im Abschnitt Zivilprozeßrecht):

Akkusationsprinzip

Anklagegrundsatz (**accuso** 1: anklagen; **accusatio**, -onis f.: Anklage), das bedeutet, daß der Strafrichter nur auf Antrag eines Anklägers (**accusator**, -oris m. = heute der Staatsanwalt) tätig wird. Nicht eingehalten wird dieser Grundsatz im

Inquisitionsverfahren

(**inquisitio**, -onis f.: Untersuchung, das Suchen, Aus-, Zusammensuchen, vgl **inquiro** 3, -quisivi, -quisitus: nachforschen, untersuchen) = Untersuchungsprozeß, in dem sowohl die Einleitung, Durchführung und Entscheidung des Verfahrens dem Gericht obliegt (galt va in älteren Prozeßrechten).

Offizialmaxime (**officium**, -i n.: Dienst, Amt, Pflichterfüllung; **officialis**, -e: zum Amt, zum Dienst gehörig) Grundsatz der amtswegigen Verfolgung von Straftaten (Ausnahme: Privatanklage-, Antrags-, Ermächtigungsdelikte). Das Gegenteil ist die Dispositionsmaxime (s S 151).

Legalitätsgrundsatz

„Gesetzmäßigkeitsgrundsatz" (vgl o S 31) bedeutet hier, daß der Ankläger alle Delikte, von denen er Kenntnis erlangt, verfolgen muß (Legalität: Gesetzlichkeit; **lex**, legis f.: Gesetz). Im Gegensatz dazu steht der

III. Abschnitt

Opportunitätsgrundsatz

Einleitung eines Strafverfahrens nur dann, wenn es dem Ankläger „opportun“ = geeignet, angebracht erscheint (**opportunus** 3: günstig, geeignet, nützlich).

Inquisitionsprinzip

„Untersuchungsgrundsatz“: Grundsatz der materiellen Wahrheitsforschung (**inquiro** 3, -quisivi, -quisitus: suchen, nachforschen, untersuchen, prüfen); der Richter hat von sich aus, ohne an die Anträge der Beteiligten gebunden zu sein, nach der Wahrheit zu forschen (auch: **Instruktionsgrundsatz** [**instruo** 3, -struxi; -structus: unterweisen, bereiten, ordnen, herstellen]).

Allgemein gilt im Straf(verfahrens)recht:

in dubio pro reo Im Zweifel für den Angeklagten (**dubium**, -i n.: Zweifel; **reus**, -i m.: der Angeklagte). Eine Verurteilung ist nur dann möglich, wenn die Tat dem Angeklagten ohne Zweifel zuzurechnen ist.

Subsidiaranklage Anklageerhebung durch den Privatbeteiligten, wenn der Staatsanwalt das Verfahren nicht einleitet oder die Verfolgung aufgibt (**subsidiarius** 3: zur Reserve gehörig; **subsidiär**: hilfsweise, unterstützend)

Adhäsionsverfahren

Verfahren, in dem das Strafgericht auf Antrag des Verletzten auch über die ihm gegen den Täter zustehenden privatrechtlichen Ansprüche entscheidet. Normalerweise müßten diese auf dem Zivilrechtsweg durchgesetzt werden, hier wird auch darüber „anhangweise“ im Strafprozeß erkannt (**adhaesio**, -onis f.: das Anhängen, die Anschließung; **adhaereo** 2, -haesi, -haesus: an etwas hängen, anhaften, zusammenhängen).

Inzidentalverfahren

(**incido** 3, -cidi: hineinfallen, sich ereignen): Wird während einer Hauptverhandlung im Sitzungssaal eine strafbare Handlung verübt, kann das Gericht darüber entweder mit Unterbrechung der Hauptverhandlung oder im Anschluß daran sogleich entscheiden (allgemein im Verfahrensrecht: Prüfung/Entscheidung einer Rechtsfrage in einem Verfahren, das nicht unmittelbar auf diese Frage gerichtet ist).

Monitur (auch Moniturverfahren, „Beanstandungs-, Berichtigungsverfahren“): Nach Überprüfung des Wahrspruches der Geschworenen durch den Schwurgerichtshof kann dieser unter bestimmten Voraussetzungen (zB: Undeutlichkeit, Unvollständigkeit) die nochmalige Beratung und Abstimmung aller oder einzelner Fragen durch die Geschworenen anordnen (**moneo** 2, -ui, -itum: mahnen, erinnern, warnen; davon **monitura**, -ae f.; auch heute: **monieren**: beanstanden, mahnen).

beneficium cohaesionis

„Rechtswohltat des Zusammenhangs“: Erwirkt ein Beschuldigter durch Anträge oder Rechtsmittel eine Verbesserung für sich, soll dies auch für Mitbeschuldigte gelten, bei denen die gleichen Voraussetzungen dafür vorliegen (**cohaereo** 2, -haesi: zusammenhängen, verbunden sein).

Indiz Hinweis, Verdachtsmoment, Anzeichen (**indicium**, -i n.: Kennzeichen, Merkmal, Entdeckung, Anzeige); Tatsache, aus denen man Schlüsse auf das Vorhandensein anderer Tatsachen ziehen kann (vgl Indizienbeweis)

Kollusionsgefahr Verdunkelungsgefahr (**Kollusion**: „Zusammenspiel“; **colludo** 3, -lusi: mit jemandem spielen, ein geheimes Einverständnis mit jemandem unterhalten). Vgl auch o S 57.

Alibi Nachweis, daß sich der Beschuldigte zum Tatzeitpunkt nicht am Tatort, sondern „anderswo“ aufgehalten hat, wodurch er als Täter nicht in Frage kommt (**alibi**: anderswo, anderwärts)

Abolition Recht des Bundespräsidenten, ein gerichtliches Verfahren vor einer Verurteilung niederzuschlagen (**abolitio**, -onis f.: Abschaffung, Aufhebung)

Immunität Freiheit von rechtlicher Verantwortung, etwa bei politischen Mandataren (**immunis**, -e: frei, befreit)

IV. Abschnitt

Das Zivilprozeßrecht bezeichnet man auch als „formelles Recht“, es dient zur Durchsetzung des materiellen Rechtes (Privatrecht). Es enthält Normen, die bestimmen, was zu tun ist, um ein bestimmtes subjektives Recht (zB Anspruch auf Kaufpreiszahlung) mit Hilfe der staatlichen Gerichte durchzusetzen. Die Bezeichnung

Prozeß — Verfahren, kommt von **procedo** 3, -cessi, -cessum: vorwärtsschreiten, fortschreiten, vonstatten gehen (**processus**, -us m.: [planmäßiges] Fortschreiten, Fortgang; die heute gebräuchliche Frage nach dem **Procedere** bezieht sich auf die weitere Vorgangsweise).

Die älteste römische Prozeßart war das Verfahren der

legis actiones, — es wurde eingesetzt durch das feierliche Aufsagen von (den Gesetzesworten angepaßten) Spruchformeln (deshalb: **legis**, Genetiv von **lex**: Gesetz; im alten Sprachgebrauch wahrscheinlich **lex** im Sinne von Spruchformeln; **lege agere** bedeutete demnach **certis verbis agere**: mit bestimmten Worten, also gemäß der Spruchformel = **lex** vorgehen; **actio**, -onis f.: Klage, Handlung). Die Parteien mußten zu Beginn des Prozesses ein

sacramentum (-i n.) — (Strafsumme, Eid, Haftgeld) leisten; ursprünglich ein Eid, dann ein „Wetteinsatz“, der Einsatz des Unterlegenen verfiel dem Staatsschatz.

Die jüngere, bedeutendere Prozeßform war der

Formularprozeß, — benannt nach den Formeln (**formulae**, dazu S 158) für jede Klage, die den Richter anweisen, was er zu untersuchen hat.

extraordinaria cognitio — Von Augustus eingeführte Sondergerichtsbarkeit vor Beamten (neben dem Formularprozeß), woraus sich der nachklassische **Kognitionsprozeß** entwickelte (**cognitio**, -onis f.: richterliche Untersuchung, Erkenntnis; von **cognosco** 3, -gnovi, -gnitus: prüfen, untersuchen; **extraordinarius** 3: außerordentlich, außergewöhnlich).

iurisdictio — Rechtsprechung, Gerichtsbarkeit, Rechtsweisung (s S 25)

Jurisdiktionsnorm

„Rechtsprechungsvorschrift" heißt heute noch das österreichische Gesetz über die Ausübung und die Zuständigkeit der ordentlichen Gerichte in bürgerlichen Rechtssachen (abgekürzt: JN; **norma**, -ae s S 27).

iurisdictio voluntaria

(**voluntarius** 3: freiwillig; von **voluntas**, -atis f.: Wille, Wunsch): freiwillige Gerichtsbarkeit, Tätigkeit der Gerichte im Außerstreitverfahren (besondere Verfahrensart, zB für Verlassenschafts-, Vormundschaftssachen)

Prätor — in der Blütezeit des römischen Rechts für die Gerichtsbarkeit zuständiger Magistrat (s S 26). Davon noch heute

prätorischer Vergleich

gütliche Einigung der Parteien in einem Termin vor dem Richter, ohne einen Prozeß zu beginnen

Der zweigeteilte römische Prozeß begann

in iure — „auf der Gerichtsstätte" (**ius**: ursprünglich Gerichtsstätte; **in**: Präp. + Abl.: in, auf; „Wo-Fall") vor dem Prätor. Hier wurden vor allem die Prozeßvoraussetzungen geklärt und der zweite Verfahrensabschnitt (das eigentliche Erkenntnisverfahren) vorbereitet.

in ius vocare — „auf die Gerichtsstätte rufen": laden (**voco** 1: rufen, nennen, hier: laden; auch **evocare**: herausrufen, davon evozieren: aufrufen, vorladen; **in**: Präp. + Akk.: in, auf; „Wohin-Fall")

apud iudicem — (Verfahrensabschnitt) „vor dem Richter" (**apud**: Präp. + Akk.: bei, vor, in Gegenwart; **iudex**, -dicis m.: Richter), der in der Sache selbst entschied. Die Tätigkeit des Richters nannte man

iudicare — Recht sprechen, urteilen, eine richterliche Entscheidung fällen (**iudico** 1); davon heute: judizieren

iudicatum — das bereits Entschiedene, das Urteil (PPP von **iudicare**), heute

Judikat — Urteil, Entscheidung

res iudicata — die (bereits) entschiedene Sache

IV. Abschnitt

Die

Judikatur zieht man zu Rate, wenn man wissen will, wie die bisherige Rechtsprechung zu einer bestimmten Problematik lautet (**iudicatura**, -ae f.: Rechtsprechung, die bisherigen Judikate; **iudicatur**: es wird entschieden).

Im römischen Recht bezeichnete man die Tätigkeit des Klägers allgemein als

agere wörtlich: tun, ausführen, antreiben (**ago** 3, egi, actus), im Prozeßrecht: klagen. Davon auch

actio (-onis f.) Klage (s S 46) und

actor (-oris m.) Kläger. Erhalten hat sich dieser Terminus im Ausdruck

aktorische Kaution
Sicherheitsleistung des Klägers für Prozeßkosten (**cautio** s S 93).

petere auch: gerichtlich fordern (**peto** 3, -ivi, -itus: bitten, verlangen, fordern)

petitio (-onis f.) im Prozeß: Klage, Anspruch (vgl etwa die Erbschaftsklage: **hereditatis petitio**)

Da die Termini **petere, petitio** vornehmlich bei dinglichen Klagen verwendet werden, spricht man heute noch von

Petitorium (in bezug auf das Verfahren) oder

petitorischem Anspruch,
va wenn es um Ansprüche geht, die aus dem Eigentum folgen, sich also auf ein absolutes Recht beziehen, besonders im Gegensatz zum

Possessorium Besitzstörungsverfahren (**possessio**, -onis f.: Besitz), das lediglich die Wiederherstellung des letzten ruhigen Besitzstandes zum Ziel hat, ohne die Frage des Rechtes zum Besitz zu klären (dies geschieht im ordentlichen Verfahren, dem Petitorium).

querel(l)a (-ae f.) Klage, Beschwerde (zB im Erbrecht die **querela inofficiosi testamenti**; davon heute: Querelen)

Im Zivilprozeß gilt größtenteils die

Dispositionsmaxime,

der Grundsatz, daß das Gericht nur auf Betreiben der Parteien tätig wird (**dispono** 3, -posui, -positus: ordnen, anordnen, bestimmen). Darauf beziehen sich auch die Regeln

nemo iudex sine actore

Kein Richter ohne Kläger (**nemo** m.: niemand; **iudex, actor** s o; **sine**: Präp + Abl.: ohne). Heute: „Wo kein Kläger, da kein Richter".

iudex ne procedat ex officio

Der Richter soll nicht von Amts wegen einen Prozeß einleiten (**procedat**: Konjunktiv, **procedere** s o; **officium**, -i n.: Amt).

Der richtige Kläger hat die

Aktivlegitimation oder **legitimatio ad causam activa**,

die gesetzmäßige Befugnis, als Kläger (aktiv, von **agere**) in der Sache aufzutreten (**legitimatio** s S 32; **causa**, -ae f.: Gerichtssache, Fall; **ad**: Präp. + Akk.: zu, an, bei).

Der richtige Beklagte hat die

Passivlegitimation oder **legitimatio ad causam passiva**,

die gesetzmäßige Stellung als Beklagter (passiv: duldend, untätig, leidend, weil er das Klagegeschehen nicht vorantreibt; von **patior** 3, passus: erdulden, ertragen).

curator absentis Abwesenheitskurator, Prozeßvertreter, der bei unbekanntem Aufenthaltsort des Prozeßgegners für diesen bestellt werden kann (**curator** s S 68; **absens**, -entis: abwesend)

Auktorsbenennung Streitverkündigung, Benachrichtigung eines Dritten über einen anhängigen Rechtsstreit und Aufforderung zur Stellungnahme (**auctor**, -oris m.: Gewährsmann, Bürge, Veranlasser)

Prätendentenstreit Streit um die Gläubigerstellungan einer Forderung (Prätendent: jemand, der Ansprüche erhebt, von **praetendo** 3, -tendi, tensus: vorschützen, vorgeben, behaupten, in Anspruch nehmen)

An dem Rechtsstreit zwischen zwei Parteien kann sich ein Dritter als

Nebenintervenient zur Unterstützung der Partei, an deren Obsiegen er ein rechtliches Interesse hat, beteiligen (**intervenio** 4, -veni, -ventum: dazwischen-, dazukommen, sich einmengen; Intervenient: [von **interveniens**, -entis: Part. Präs.] der Dazukommende, sich Einmengende, Dazwischentretende); auch: die Nebenintervention.

Wesentliche Bedeutung bei der Prozeßeinleitung kommt der Ermittlung des zuständigen Gerichtes (= Gerichtsstand) zu. Es wird bezeichnet als

Forum Dies war im alten Rom der Markt- und Versammlungsort, der Mittelpunkt des öffentlichen Lebens; auch die Gerichtsverhandlungen wurden dort abgehalten, sodaß sich daraus die Bedeutung „Gerichtsstand" ableitete und auch heute noch als terminus technicus für das zuständige Gericht gilt (**forum**, -i n.: Marktplatz, öffentliches Leben; Gerichtswesen, Rechtspflege).

forensisch „gerichtlich" (**forensis**, -e); zB forensische Psychiatrie, Medizin

forum commune allgemeiner Gerichtsstand (**communis**, -e: allgemein, gemeinschaftlich); meistens das

forum domicilii Gerichtsstand des Wohnsitzes des Beklagten (**domicilium**, -i n.). Die Orientierung am Wohnsitz oder Aufenthaltsort des Beklagten bei der Ermittlung des Gerichtsstandes formuliert auch der Satz

actor sequitur forum rei

Der Kläger folgt dem Gerichtsstand des Beklagten (**sequor** 3, secutus sum: folgen, nachgehen; **rei**: Genetiv von **reus**, -i m.: der Angeklagte).

Gerichtsstände können sich auch nach anderen Anknüpfungspunkten bestimmen, zB:

forum contractus Gerichtsstand des Vertragsabschlußortes (eigentlich: des Vertrages; **contractus**, -us m.: der Vertrag)

forum delicti commissi

Gerichtsstand des Tatortes bei unerlaubten Handlungen (**delictum**, -i n.: Vergehen; **committo** 3, -misi, -missus: begehen, verüben)

forum rei sitae Gerichtsstand „der gelegenen Sache" (**situs** 3: befindlich, gelegen; **res**, rei f.: Sache), Gerichtsstand des Lageortes bei Streitigkeiten über Grundstücke

forum solutionis Gerichtsstand des Erfüllungsortes (**solutio**, -onis f.: Schulderfüllung, s S 119).

Die Rechtsordnung räumt allerdings den Parteien im vorgegebenen Rahmen die Möglichkeit der Einflußnahme auf die Zuständigkeit der Gerichte 1. Instanz ein. Die Vereinbarung über die Zuständigkeit des Gerichts nennt man

prorogatio fori die „Verschiebung, Verlegung" des Gerichtsstandes (**prorogatio**, -onis f., heute: Prorogation, von **prorogo** 1: verlängern, auf-, verschieben, verlegen).

forum prorogatum der „verschobene" (vereinbarte) Gerichtsstand. Manche Zuständigkeiten sind der Prorogation entzogen. Wird ein an sich unzuständiges Gericht angerufen, stellt sich die Frage der **prorogablen** oder **unprorogablen** Unzuständigkeit, also ob ein unzuständiges Gericht durch Parteienvereinbarung zuständig gemacht werden kann oder nicht.

Ist ein Verfahren bereits bei einem zuständigen Gericht anhängig und ändern sich nach der Gerichtsanhängigkeit die für die Zuständigkeit maßgeblichen Umstände, kommt es normalerweise zu einer

perpetuatio fori Fortdauer (Beibehaltung) des Gerichtsstandes (**perpetuatio**, -onis f. von **perpetuo** 1: ununterbrochen fortdauern lassen, fortsetzen).

Eine wichtige Prozeßvoraussetzung, die sich (neben der Partei- und Prozeßfähigkeit) auf die Parteien bezieht, ist die

Postulationsfähigkeit
die Fähigkeit, das Prozeßbegehren selbst vorbringen zu können (**postulo** 1: fordern, beantragen, gerichtlich belangen). Die Postulationsfähigkeit fehlt den Parteien etwa im Verfahren mit Anwaltszwang.

advocatus (-i m.) wörtlich: der Herbeigerufene (**advoco** 1: herzu-, herbeirufen, zu Hilfe nehmen): Rechtsbeistand, Rechtsanwalt; davon heute noch der veraltete Ausdruck Advokat. Dieser kann sich eines

Substituten Stellvertreters, bedienen (**substituo** 3, -ui, -utus: unterstellen, an die Stelle setzen, substituieren).

Bei der Einleitung des römischen Prozesses war vor allem die Beantragung einer für das Anliegen des Klägers tauglichen

actio Klage (s S 46) vor dem Prätor (**in iure**, s o) wesentlich. War für die gerichtliche Verfolgung des vorgebrachten Begehrens keine Klage vorhanden, so konnte der Prätor, wenn ihm das Begehren rechtsschutzwürdig erschien, eine

actio in factum, eine Klage für den individuellen Einzelfall, gewähren (**factum**, -i n.: Ereignis, Tatsache, Erfolg).

Der Prätor konnte aber auch eine **actio**, die von den Tatbestandsvoraussetzungen her auf den Sachverhalt nicht anwendbar gewesen wäre, abändern, sie „brauchbar" machen:

actio utilis verwendbar, brauchbar gemachte Klage (**utilis**, -e: brauchbar, tauglich)

actio ad exemplum Klage nach dem Beispiel, Vorbild einer anderen Klage (**exemplum**, -i n.: Muster, Vorbild, Beispiel)

dare actionem Erteilung der Klage (**dare**: geben) durch den Magistrat (Prätor)

denegatio actionis

Zurückweisung der Klage (**denego** 1: abschlagen, verweigern; Denegation heute: Rechtsverweigerung)

Die beklagte Partei (**reus**) konnte eine

exceptio, eine „Einrede" (wörtlich: Ausnahme, s S 47) beantragen, womit sie eine für sie günstige Ausnahme von den Verurteilungsbedingungen behauptete.

replicatio (-onis f.)

Entgegnung gegenüber der **exceptio**, „Gegeneinrede" des Klägers (heute noch Replik: Erwiderung, Einrede)

duplicatio (-onis f.)

Duplik, Entgegnung des Beklagten auf die **replicatio** des Klägers (**duplicatio**: Verdoppelung). Der **exceptio** ähnlich ist die

praescriptio, (-onis f.)

außerordentlicher, der Formel vorangestellter Formelbestandteil, mit welchem der Streitgegenstand zugunsten einer Prozeßpartei eingeschränkt wird, bzw mit dem auch eine Ausnahme von den Verurteilungsbedingungen behauptet werden kann (zB bei der **longi temporis praescriptio**, s S 85; **praescriptio**, -onis f.: Überschrift, Voranstellung, vorangestellter Satz, Begrenzung, Einschränkung).

Durch eine

confessio in iure Anerkennung vor Gericht (**confessio**, -onis f.: Geständnis; von **confiteor** 2, confessus sum: gestehen, eingestehen, zugeben; **in iure**: s S 149) konnte das Verfahren bereits vor dem Prätor beendet werden.

Das Anerkenntnis erzeugte wie ein Urteil Recht zwischen den Parteien:

confessus pro iudicato habetur

Der Geständige wird für verurteilt gehalten (**pro**: für, wie; **iudicato**: Abl. von **iudicatus**: der Verurteilte; **habetur**: passive Form von **habeo** 2, -ui, habitus: gehalten werden, gelten).

indefensus der Unverteidigte, Unbeschützte (**defendo** 3, -fendi, -fensus: abwehren, verteidigen, schützen). Der passive Beklagte, der das Klagebegehren weder anerkennt noch bestreitet und sich damit nicht auf den Prozeß einläßt.

Um ihn indirekt zur Einlassung auf den Prozeß zu zwingen, wurden ihm vom Prätor die gleichen Folgen wie bei Prozeßverlust angedroht.

Die allgemeine Bezeichnung für eine ungehorsame oder säumige Partei im älteren Prozeß ist

contumax, (-acis) widerspenstig, störrisch, eigensinnig (**contumacia**, -ae f.: Widerspenstigkeit, Unbeugsamkeit). Davon kommt die Bezeichnung

Kontumazialverfahren

Ungehorsamsverfahren (zB: Abwesenheits-, Versäumnisverfahren).

Die Parteien konnten auch voneinander einen Eid über die Rechtfertigung des Klagebegehrens/des Bestreitens verlangen:

iusiurandum in iure

rechtskräftiger Eid vor dem Gerichtsmagistrat (**ius** und Gerundiv von **iuro** 1: schwören) und damit das Verfahren bereits beenden.

Waren alle Prozeßvoraussetzungen vorhanden, ermittelte man im römischen Prozeß das Urteilsgericht, vor dem das eigentliche Verfahren stattfinden sollte:

iudicium (-i n.) (von **iudex**) hier: Urteilsgericht, gerichtliche Untersuchung, Rechtsakt, an welchem ein **iudex** teilnimmt (vgl auch S 98).

IV. Abschnitt

iudex unus	Einzelrichter
Kollegialgericht	aus mehreren Mitgliedern bestehendes Gericht, das durch Abstimmung entscheidet (**collegium**, -i n.: Amtsgenossenschaft); im römischen Recht etwa die
recuperatores	Richterbank bei Prozessen von stärkerem öffentlichen Interesse (**recuperator**, -oris m.: eigentlich „Wiederbeschaffer, Zurückholer", Eigentumsrichter, Schiedsrichter).
Senat	heute: kollegialer Spruchkörper, Richterbank (**senatus**, -us m.: Rat; in Rom: Rat der Alten, s S 32).
Kausalsenat	Kollegialgericht, das für eine bestimmte Materie zuständig ist, zB für Handelssachen oder Arbeits- und Sozialrechtssachen und dem zwingend zumindest ein Laienrichter angehört (**causa**, -ae f.: Grund, Sache, Angelegenheit).
iudex inhabilis	Richter, der durch seine Nahebeziehung zu einer Partei oder zum Prozeß vom Verfahren ausgeschlossen ist (**inhabilis**, -e: untauglich)
iudex suspectus	„verdächtiger Richter", heute: befangener Richter (**suspectus** 3: verdächtig, mit Argwohn betrachtet)

Nach der Ermittlung des Urteilsgerichts galt im römischen Recht der Streit als „befestigt":

litis contestatio	Streitbefestigung, Streitbezeugung, Streiteinsetzung (**contestatio**, -onis f.: Aufrufung von Zeugen, Erklärung vor denselben, Erklärung vor einer Behörde)
lis (litis f.)	bedeutet sowohl Prozeß in Zivilsachen, Rechtsstreit, als auch das Objekt des Rechtsstreites, namentlich das Interesse des Klägers, um welches es im Prozeß geht, die Streitsumme. Zu einer Vergrößerung der Streitsumme, der
Litiskreszenz	kam es bei manchen Klagen im römischen Recht vor allem in jenen Fällen, wo sich die beklagte Partei, die sich der Berechtigung des gegnerischen Anspruchs voll bewußt war, dennoch auf den Rechtsstreit einließ (**lis**, litis f.: hier: Streitsumme; **cresco** 3, crevi, cretus: wachsen, vergrößern). Als Strafe für dieses mutwillige Prozessieren wuchs die Haftungssumme. Der Grundsatz lautete

infitiando lis crescit in duplum

Durch Bestreiten wächst/steigt die Haftungssumme (Streitsumme) ins Doppelte (**infitior** 1: leugnen, nicht anerkennen; **infitiando**: Gerundium, Abl.; **duplum**, -i n.: das Doppelte).

iusiurandum in litem

Schätzungseid (**ius** und Gerundiv von **iuro** 1: schwören) auf die Streitsumme (**lis**). Der siegreiche Kläger durfte im Eigentumsprozeß den Wert der nicht herausgegebenen Sache eidlich angeben.

mors litis Erlöschen des Prozesses im römischen Recht durch Ablauf seiner Befristung (**mors**, mortis f.: Tod)

Auch in der heutigen Rechtssprache hat sich der Terminus **lis** erhalten:

res litigiosa streitverfangene Sache (**litigiosus** 3: streitig; von **litigo** 1: streiten, prozessieren; **res**, rei f.: Sache)

quota litis (An-)Teil am Streitgegenstand (**quota**, -ae f.: Anteil), als Erfolgshonorar für Anwälte (in Österreich verboten)

Litispendenz Streitanhängigkeit (**pendeo** 2, pependi: hängen, abhängen, schweben)

pendente lite (Abl. abs.) bei schwebendem Verfahren

Gebräuchlich sind die Wendungen

a limine litis zurückweisen

von der Schwelle des Verfahrens zurückweisen, ohne in die Prüfung von Sach- und Rechtsfragen einzusteigen (**limen**, -inis n.: Schwelle; **a, ab**: Präp. + Abl.: von ... weg); etwa bei Fehlen von Prozeßvoraussetzungen; das Vorliegen dieser ist bereits

in limine litis auf der Schwelle des Verfahrens (zu Beginn) vom Richter zu prüfen.

Ab dem Zeitpunkt der **litis contestatio** (Streitbefestigung; s S 156) konnte man im römischen Recht keinen neuerlichen Prozeß über dieselbe Rechtssache anstreben. Es galt der Grundsatz

bis de eadem re (entweder) **agere non licet** (oder) **ne sit actio**

Es ist nicht erlaubt, zweimal über dieselbe Sache (Angelegenheit) zu prozessieren (**bis**: zweimal; **idem, eadem, idem**: derselbe, der gleiche; **licet**, licuit: es ist erlaubt) oder: es soll nicht zweimal für dieselbe Angelegenheit eine Klage (**actio**) geben (**sit**: Konj. 3. Pers. Sing. von **esse**: sein, vorhanden sein, stattfinden).

Die auch heute noch oft verwendete Kurzformel lautet:

ne bis in idem Nicht zweimal in der selben Sache (klagen).

Versuchte man trotzdem, noch einmal zu klagen, stand dem Beklagten eine **exceptio** zu, die

exceptio rei iudicatae vel in iudicium deductae
Einrede der entschiedenen oder streitanhängigen Sache (**vel**: oder)

res iudicata die entschiedene Sache (**iudicare**, s S 149)

res in iudicium deducta
die prozeßanhängige Sache, wörtlich: die in einen Prozeß gebrachte Sache (**deduco** 3, -duxi, -ductus: wohin führen, hinbringen; **iudicium**: Verfahren, s S 155)

Der römische **iudex** wurde vom Prätor angewiesen, in der Sache zu entscheiden, die für den Fall zuständige **actio** (Klage) wurde ihm genannt. Was der Richter zu prüfen hatte, erfuhr er (im Formularprozeß) aus der

formula actionis, der Klagsformel. Die Formeln der anerkannten Klagen waren im Edikt (s S 33) des Prätors verlautbart. Der Richter mußte über alle Rechts- und Tatfragen, die ihm die Formel zur Beurteilung aufgab, entscheiden. Je nach Klagetyp (**iudicium stricti iuris** oder **bonae fidei iudicium**, dazu o S 98) wurde ihm dabei mehr oder weniger Ermessensspielraum eingeräumt.

arbitrium (-i n.) freies Ermessen, richterliches Ermessen (aber auch: Schiedsspruch, Urteil; Macht).
Bisweilen verließ man sich auch im Vertragsrecht ausdrücklich auf das

arbitrium boni viri Ermessen eines „guten" (rechtschaffenen) Mannes (**vir**, viri m.: Mann; **bonus** 3: gut), etwa bei der Bestimmung des Umfangs der geschuldeten Leistung.

arbitror 1 nach billigem Ermessen einen Ausspruch tun, entscheiden, ein Gutachten abgeben, ermessen (vgl: arbiträr: nach Ermessen, willkürlich;

engl. Arbitration: Schiedsverfahren mit Schiedsspruch; vgl **actio arbitraria** u S 163)

arbiter (-tri m.) (von Parteien gewählter) Schiedsrichter oder vom Magistrat bestellter Richter, der vor allem Schätzungen vorzunehmen hatte

compromissum (-i n.)
Schiedsvertrag bei Anrufung eines Schiedsgerichtes zur Entscheidung eines Rechtsstreites (**compromissum**: Übereinkunft)

Eine Art schiedsrichterliche Funktion kam in der Spätantike bisweilen den Bischöfen zu:

episcopalis audientia
Sondergerichtsbarkeit der Bischöfe in der Spätantike. Ihnen wurden weltliche Fälle zur Entscheidung vorgelegt, verurteilende Sprüche wurden trotz fehlender weltlicher Gerichtsgewalt vom Staat vollstreckt (**audientia**, -ae f.: das Anhören und Entscheiden eines Rechtsstreites; **episcopalis**, -e: bischöflich).

Im eigentlichen Erkenntnisverfahren hat der Richter auf Grund der von den Parteien beigebrachten Beweise und Anträge in der Sache zu entscheiden. Diesen Grundsatz (Verhandlungs- oder Beibringungsgrundsatz) formuliert der Satz

iudex iudicet secundum allegata et probata partium
Der Richter möge gemäß dem von den Parteien Vorgebrachten und Bewiesenen urteilen (**iudicet**: 3. Pers. Sing. Konj. von **iudico** 1: urteilen; **secundum**: Präp. + Akk: gemäß, nach, übereinstimmend; **allegatus**: PPP von **allego** 1: vorbringen, anführen; **probatus**: PPP von **probo** 1: beweisen).

da mihi facta, dabo tibi ius
Gib mir die Tatsachen, dann werde ich dir das Recht geben (darüber Recht sprechen), (**da**: gib! Imperativ von **do**, dare, dedi, datus: geben; **mihi**: mir; **factum**: Tat, Tatsache, Ereignis; **dabo**: ich werde geben, Futur von dare; **tibi**: dir). Die Parteien müssen die Sachverhaltsdarstellung und die Beweise beibringen, das Gericht ist für deren rechtliche Beurteilung zuständig.

iura novit (noscit) curia
Das Recht (wörtlich: die Rechte) kennt das Gericht. Die einschlägigen Rechtssätze sind dem Gericht bekannt und brauchen ihm nicht von den Parteien vorgetragen zu werden (**curia**, -ae f.: Kurie, Ver-

sammlung; hier: Gericht; **nosco** 3, novi, notus: kennenlernen, erfahren; Perfekt: wissen).

Der Beibringungsgrundsatz wird im heutigen Zivilprozeß eingeschränkt durch die

diskretionäre Gewalt des Richters
die Prozeßleitungsgewalt. Die materielle Prozeßleitung besteht im Sammeln, Gliedern und Aufbereiten des Prozeßstoffes. Dazu gehört, daß der Richter durch gezielte Fragestellung, Aufforderung zur Bekanntgabe von Beweismitteln, eine möglichst wahrheitsgetreue Sachverhaltsdarstellung herbeiführen soll (von **discerno** 3, -crevi, -cretus: trennen, unterscheiden, entscheiden, schlichten, abgrenzen).

Manuduktionspflicht
Pflicht des Richters, die Parteien (besonders unvertretene) anzuleiten und über ihre prozessualen Rechte und Pflichten sowie über die Rechtsfolgen ihres Verhaltens aufzuklären, um sie vor Nachteilen aufgrund von Informationsmängeln zu bewahren (von **manu ducere**: an der Hand führen, nehmen; **manus**, -us f.: Hand; **duco** 3, duxi, ductus: führen, leiten, anführen).

Die Parteien können etwa dadurch Schaden erleiden, daß sie gewisse Fristen versäumen, die für Antragstellungen bedeutsam sind. Solche Fristen sind

Präklusivfristen Ausschlußfristen (**praecludo** 3, -clusi, -clusus: verschließen, versperren; Präklusion: Ausschluß)

Das Prozeßrecht kennt auch

restituierbare Fristen
Fristen, deren Versäumnis durch Wiedereinsetzung geheilt werden kann: wiedereinsetzbare Fristen (**restituo** 3, -ui, -utus: zurückversetzen, wiedereinsetzen, wiederherstellen).

In manchen Verfahren (zB Bestandverfahren) gilt im heutigen Recht noch die

Eventualmaxime das bedeutet, man muß von vornherein alle Anträge, die man im Prozeß stellen möchte, vorbringen; nachträglich können keine weiteren Anträge mehr eingebracht werden. Dies soll der Prozeßkonzentration dienen (**eventualis**, -e: möglicherweise eintretend; vgl: **in eventu**).

Das Beweisverfahren, das zur Wahrheitsüberzeugung des Gerichts dienen soll, kennt weitgehend das Prinzip der freien Beweiswürdigung. Von Ausnahmen abgesehen gibt es keine starren Beweisregeln. Für die Beweislast gilt normalerweise

probare debet, qui dicit, non qui negat
Beweisen muß, wer etwas sagt (behauptet), nicht, wer etwas verneint (bestreitet). (**debeo** 2, -bui, -bitus: müssen; auch: schulden; **dico** 3, dixi, dictus: sagen; **nego** 1: verneinen, abstreiten; **probo** 1: beweisen, auch: prüfen, billigen)

negativa non sunt probanda
Das Nichtbestehen von (rechtshindernden, -vernichtenden oder -hemmenden) Tatsachen ist (vom Kläger) nicht zu beweisen. (**negativum**, -i n.: Verneinung, negative Tatsache; **probandus** 3: ein zu beweisender; Gerundiv von **probo** 1: beweisen, untersuchen, darlegen)

instrumenta probationis
Beweismittel (**probatio**, -onis f.: Beweis, Beweisführung, Beweisgrund; **instrumentum**, -i n.: Werkzeug, Hilfsmittel). Wichtige Beweismittel sind etwa

testes Zeugen (**testis**, -is m./f.; **testor** 1: bezeugen)
Befinden sich Urkunden, die eine Partei als Beweis vorlegen will, im Besitz eines Dritten, dessen Vorlagepflicht aber nicht feststeht, muß der Beweisführer eventuell eine

Editionsklage „Herausgabeklage“ erheben (**editio**, -onis f.: Herausgabe).

prima-facie-Beweis Beweis durch den ersten Anschein, der zu einer Beweiserleichterung beim Nachweis des Verschuldens oder eines Kausalzusammenhanges dient (**primus** 3: der erste; **facies**, -ei f.: Schein, Anschein, Aussehen).

probatio diabolica Als „teuflischen Beweis“ bezeichnet man im Eigentumsprozeß den äußerst schwierigen Beweis des Eigentums der Vormänner bis hin zu einem originären Eigentumserwerb (**diabolos**: griech.: Teufel).

Zu den besonderen Regeln im Beweisverfahren gehören die

praesumptiones Vermutungen (**praesumptio**, -onis f.: von **praesumo** 3, -sumpsi, -sumptus: voraussetzen, vermuten, annehmen). Man unterscheidet zwischen

praesumptio facti Tatsachenvermutung (**factum**, -i n.: Tat, Ereignis) und

praesumptio iuris Rechtsvermutung; juristisch versteht man darunter eine widerlegbare Vermutung: ein Rechtsumstand wird solange angenommen, bis er widerlegt wird. Hierher gehört die Redlichkeitsvermutung

quisquis praesumitur bonus

Jeder wird als redlich vermutet, von jedem setzt man voraus, daß er redlich ist (**quisquis**, quidquid: wer auch immer, jeder).

praesumptio iuris et de iure

wörtlich: „Vermutung (Annahme) des Rechts und von Rechts wegen“; unwiderlegbare Rechtsvermutung, hier ist kein Gegenbeweis mehr zulässig (zB Richtigkeit des Urteils nach Rechtskraft)

Kommorientenpräsumption

Wenn man nicht weiß, wer von mehreren zusammen Gestorbenen den anderen überlebt hat, wird vermutet, daß alle gleichzeitig gestorben sind (**commorior** 3, -mori: zusammen sterben, **cum + morior**). Solche Personen können daher einander nicht beerben.

Ein allgemeiner Prozeßgrundsatz ist das Prinzip des „beiderseitigen rechtlichen Gehörs“, ausgedrückt im Satz:

audiatur et altera pars

Es möge auch der andere Teil gehört werden. Die erkennende Behörde darf nicht schon nach Anhörung einer Partei eine Entscheidung treffen, sondern muß das Vorbringen der Gegenseite abwarten (**audio** 4: hören, anhören; **audiatur**: Konjunktiv Passiv: es möge gehört werden; **pars**, partis f.: Teil, Seite, Partei; **alter**, altera, alterum: der eine von beiden, der andere; **et**: hier: auch).

Den Grundsatz des beiderseitigen rechtlichen Gehörs erkennt man auch in der Bezeichnung

kontradiktorisches Verfahren

Verfahren, in dem beide Parteien zu Wort kommen (**contradico** 3, -dixi, -dictus: widersprechen)

non-liquet-Situation

non liquet: es ist nicht klar (**liquet** 2, liquit: flüssig, klar sein). Dem Richter ist eine Überzeugungsbildung nach den von den Parteien vorgebrachten Beweisen nicht möglich.

Im römischen Recht auch:

rem sibi non liquere

sich über die Sache (den Fall) nicht klar sein. In diesem Fall war der römische Richter von seiner Urteilspflicht entbunden. Im geltenden Recht greifen Beweislastregeln ein, zu welchen Lasten sich die **non-liquet**-Situation im Urteil auswirkt.

Das Urteil selbst wird bezeichnet als

sententia (-ae f.) Urteil, Sentenz; ebenso: **iudicium, iudicatum** (s o).

Die alte Bezeichnung für den Kopf des Urteils (Angaben über Parteien und Streitgegenstand),

Rubrum „das Rote", leitet sich von lat. **ruber**, -ra, -rum: rot, ab, da er früher mit roter Tinte geschrieben wurde. Auch die Bezeichnung

Rubrik Halbschrift, die jedem Schriftsatz beizulegen ist und allgemeine Angaben über die Rechtssache enthält, kommt von lat.: **rubrica**, -ae f.: roter Farbstoff. Nachdem in mittelalterlichen Handschriften die Überschriften in rot gehalten wurden, bezeichnete man Titel, Überschrift, Abschnitt als Rubrik.

Das Urteil war im römischen Recht entweder

absolutio (-onis f.) Freispruch (**absolvo** 3, -solvi, -solutus: eigentlich: loslassen, befreien; auch: gerichtlich freisprechen)

oder

condemnatio (-onis f.)

Verurteilung (**condemno** 1: verurteilen).

Wie schon erwähnt, galt in Rom das Prinzip der

condemnatio pecuniaria

Geldverurteilung (**pecuniarius** 3: Geld-).

Keine Ausnahme von diesem Grundsatz stellen die

actiones arbitrariae

„in das richterliche Ermessen gestellte Klagen" (s o **arbitrium**) dar. Besondere Gruppe von Klagen, bei denen vom Richter zunächst in einem Zwischenbescheid (**pronuntiatio**) die Befriedigung des Klägers **in natura** (nicht in Geld; „Naturalrestitution") aufgegeben wurde (**iussum de restituendo**). Erbrachte der Beklagte die Leistung, wurde er freigesprochen, ansonsten in Geld verurteilt.

restitutio in integrum

„Wiederherstellung des unverletzten Zustandes", Wiedereinsetzung in den vorherigen Stand (dazu o S 116). Auch: Bezeichnung für ein besonderes prätorisches Rechtsmittel (**restitutio**, -onis f.: Wiederherstellung, Wiedereinsetzung; **integer**, -gra, -grum: unversehrt, unverletzt; **integrum** auch: der unverletzte Rechtszustand)

Bisweilen ist der Richter bei seiner Urteilsfällung nicht ganz „frei", da er zB durch ein Urteil eines anderen Gerichts (in Bezug auf eine Vorfrage) bzw durch eine Rechtsmittelentscheidung gebunden ist, präjudiziert ist.

praeiudicium „Vorurteil" (**prae**: vor), vorgreifende Entscheidung; eine Sache präjudizieren: der Entscheidung über eine Sache vorgreifen

Davon zu unterscheiden ist ein

Präzedenzfall „vorangehender Fall" (**praecedo** 3, -cessi, -cessum: vorher-, vorangehen), ein ähnlicher, gleichgelagerter Rechtsfall, der bereits entschieden wurde. Anders als im angloamerikanischen Recht muß sich der österreichische Richter nicht an Präzedenzfällen orientieren.

Bei Fällung des Urteilsspruches ist der Richter an die Parteienanträge gebunden:

ne eat iudex ultra petita partium oder kurz **ne ultra petita**

Der Richter möge nicht über das Begehren der Parteien hinausgehen (**eat**: Konj. Präs. von **eo**, ire, ii, itum: gehen; **ultra**: Präp. + Akk.: über … hinaus, jenseits; **pars**, partis f.: Partei, Seite, Teil; **petitum**: das Geforderte, von **peto** 3, -ivi, -itus: fordern, verlangen).

Der Richter kann der Partei aber selbstverständlich ein

minus, weniger als beantragt, zuerkennen (**minus**: weniger, Komparativ von **parvus**: wenig). Im römischen Recht war dies nicht bei allen Klagen möglich, eine

pluris petitio „Zuvielforderderung" (**plus**, pluris: mehr; **petitio**, -onis f.: Klage, Forderung) führte im Formularprozeß bei strengrechtlichen Klagen zum Prozeßverlust.

Sollen Forderungen eingeklagt werden, deren Höhe nicht bekannt ist, weil der Beklagte die Unterlagen darüber besitzt, verlangt man mit der

Manifestationsklage (**manifesto** 1: sichtbar machen) zunächst die eidliche Angabe des Vermögens oder der Schuld, um deren Bezahlung fordern zu können.

Im römischen Recht war das Urteil ursprünglich endgültig und unabänderlich. Erst in der **extraordinaria cognitio** (o S 148) war eine Berufung möglich, man nannte sie

appellatio (-onis f.) eigentlich Anrede, Ansprache; hier: richterliche Hilfe suchen, besonders um die Abänderung eines schon ergangenen richterlichen Ausspruchs zu erbitten, Berufung (vgl heute: appellieren, Appell: um Hilfe anrufen)

Instanz zuständige Stufe des gerichtlichen Verfahrens (**instantia**, -ae f.: Ausdauer, Beharrlichkeit, insbesondere in Bezug auf die Verfolgung einer Rechtssache). Gerichtliche Entscheidungen sind durch Anrufung eines höheren Gerichts, der „Instanz“, überprüfbar. Welches höhere Gericht angerufen werden muß, bestimmt der

Instanzenzug vorgesehener Gang der Überprüfung von gerichtlichen Entscheidungen

Revision „Überprüfung“: aufsteigendes Rechtsmittel gegen eine Entscheidung des Berufungsgerichts, der „2. Instanz“ (**revisio**, -onis f.: nochmalige Durchsicht); vgl heute: revidieren = durchsehen, überprüfen, Meinung ändern

Rekurs Rechtsmittel gegen gerichtliche Entscheidungen (Beschlüsse), die keine Urteile sind (**recursus**, -us m.: Rücklauf, Rückkehr; **recurro** 3, -curri, -cursus: zurückkehren, zurücklaufen, wiederkehren)

Revisionsrekurs Rechtsmittel gegen die Rekursentscheidung an den Obersten Gerichtshof

Als

Suspensiveffekt des Rechtsmittelverfahrens bezeichnet man seine aufschiebende Wirkung in Bezug auf die formelle Rechtskraft des Urteils (**suspendo** 3, -pendi, -pensus: schweben lassen, schweben; **suspensus** 3: ungewiß, unentschieden, schwebend).

Der

Devolutiveffekt („Abwälzeffekt") bezieht sich auf die aufsteigende Wirkung des Rechtsmittels, da dieses das „Abwälzen" des Prozesses zu dem im Instanzenzug übergeordneten Gericht zur Folge hat (**devolvo** 3, -volvi, -volutus: abwälzen; Devolution heute allg.: Zuständigkeitsverschiebung auf eine übergeordnete Behörde, s S 37); **devolutiv**: aufsteigend). Nur ausnahmsweise sind Rechtsmittel

remonstrativ nicht aufsteigend, das heißt, sie begehren von der Instanz Abhilfe, die die angefochtene Entscheidung gefällt hat. (Remonstration: „Gegenvorstellung"; **re-, red-**: wieder, gegen; **monstro** 1: zeigen, weisen, verordnen, anweisen, hinweisen, anzeigen, angeben; **monstratio**, -onis f.: das Wegweisen).

Im Rechtsmittelverfahren unterscheidet man zwischen dem

iudex a quo „Richter von dem" das angefochtene Urteil kommt (dessen Entscheidung angefochten wird; **a, ab**: Präp. + Abl.: von ... her, von; **quo**: Abl. von **qui** zu **qui,** quae, quod: welcher, der) und dem

iudex ad quem „Richter zu dem" der Prozeß im Instanzenzug zur nochmaligen Verhandlung kommt, dem Rechtsmittelgericht (**ad**: Präp. + Akk.: zu, an, bei; **quem**: Akk. von **qui**: welcher, der).

Bei einer Berufung gilt im österreichischen Zivilprozeßrecht das Neuerungsverbot, das heißt, die Überprüfung des erstinstanzlichen Urteils erfolgt nur auf der Basis der Anträge und Tatsachenvorbringen, die bereits bei Schluß der mündlichen Verhandlung 1. Instanz vorlagen. Das bezieht sich sowohl auf

nova reperta „neu Ermitteltes, Entdecktes" (**novus** 3: neu; **repertum** von **reperio** 4, repperi, repertus: wieder zum Vorschein bringen, ermitteln, ausfindig machen), das sind Tatsachen, die bereits vor Schluß der Verhandlung erster Instanz vorhanden waren, aber nicht geltend gemacht wurden (führen eventuell zur Wiederaufnahmsklage), als auch auf

nova producta „neu Hervorgebrachtes, Erzeugtes" (**produco** 3, -duxi, -ductus: hervorlocken, -bringen, erzeugen, vorführen): Tatsachen, die erst nach Schluß der mündlichen Verhandlung eingetreten sind (die Berücksichtigung von **nova reperta** und **nova producta** wird im Strafprozeß anders geregelt).

Berufungsgründe können sein:

errores in procedendo

Verfahrensfehler (wörtlich: Irrtümer im Voranschreiten = in der Prozeßführung; **procedendo**: Gerundium Abl. von **procedere**, s S 148) oder

errores in iudicando

Entscheidungsfehler („Irrtümer im Entscheiden"; **iudicando**: Gerundium Abl. von **iudico**, s S 149).

Ist die Entscheidung des Rechtsmittelgerichtes

kassatorisch „vernichtend, aufhebend" (von **cassus** 3: leer, nichtig; **casso** 1: für ungültig erklären), wird das Urteil des untergeordneten Gerichts lediglich aufgehoben und zur nochmaligen Verhandlung zurückverwiesen. Ist sie

meritorisch, hat das Rechtsmittelgericht selbst in der Sache entschieden (**meritorius** 3: verdienstlich, sachlich; zu **mereo** 2, -ui und **mereor** 2, -itus sum: sich verdient machen).

Ein abänderndes Urteil nennt man

reformatorisch (**reformo** 1: umgestalten, verwandeln).

Als Ergebnis des zivilgerichtlichen Rechtsmittelverfahrens regelmäßig ausgeschlossen ist die

reformatio in peius

Erneuerung (der Rechtslage des Rechtsmittelwerbers) zum Schlechteren (**reformatio**, -onis f.: Erneuerung, Umgestaltung; vgl Reform, Reformator, Reformation; **peior, peius**: schlechter, Komparativ zu **malus** 3: schlecht).

Bei den Rechtsmittelklagen, der Nichtigkeits- und Wiederaufnahmeklage unterscheidet man zwischen

iudicium rescindens

„aufhebendem Verfahren" (von **rescindo** 3, -scidi, -scissus: wieder zerreißen, aufheben, vernichten, ungültig machen; **rescindens**: Part. Präs.: vernichtend) und dem an das Aufhebungsverfahren anschließenden

IV. Abschnitt

iudicium rescissorium

„Erneuerungsverfahren“ (eigentlich: aufgehobenes, ungültig gemachtes Verfahren), in dem der Rechtsstreit (über den bereits einmal verhandelt wurde) neu verhandelt wird.

Nachdem der Anspruch durch die Gerichte als unbestreitbar festgestellt worden ist, muß die unterlegene Partei die

Judikatsobligation

Urteilsschuld (Judikat s S 149; **obligatio**, -onis f.: Verpflichtung) erfüllen. Leistet sie nicht freiwillig, wird ein Vollstreckungsverfahren eingeleitet.

Bei der Zwangsvollstreckung wird mit Hilfe staatlicher Zwangsgewalt der unbestreitbare Anspruch des Gläubigers gegen den nichtleistenden Schuldner durchgesetzt. Die Vollstreckung nennt man

Exekution (**exsecutio**, -onis f.: Vollziehung, Ausführung, rechtliche Verfolgung; **exsequor** 3, -secutus sum: ausführen, vollziehen: ein richterliches Urteil vollstrecken)

Exekutor Vollzieher, Vollstreckungsbeamter (besonders eines richterlichen Urteils: Gerichtsvollzieher)

Realexekution Vollstreckung in das Vermögen des Schuldners (**realis**, -e zu **res**, rei f.: Sache). Man unterscheidet

Immobiliarexekution

Vollstreckung in das unbewegliche Vermögen des Schuldners (**immobilis**, -e: unbeweglich) und

Mobiliarexekution

Vollstreckung in das bewegliche Vermögen (**mobilis**, -e: beweglich).

Personalexekution

Vollstreckung gegen die Person des Schuldners, wie ursprünglich im römischen Recht die

manus iniectio förmliche Handanlegung vor dem Gerichtsmagistrat (**manus**, -us f.: Hand; **iniectio** von **inicio** 3, -ieci, -iectus: anlegen, werfen). Zahlte nun kein Dritter die Schuld, konnte es ursprünglich zur Tötung des Schuldners oder seiner Versklavung kommen, später mußte er die Schuld als Schuldknecht abarbeiten.

Die Exekution im engeren Sinn ist heute immer

Singularexekution Einzelvollstreckung (**singularis**, -e: einzeln), das heißt, nur einzelne Vermögensstücke des Schuldners werden beschlagnahmt und veräußert, damit sich der Gläubiger aus dem Verkaufserlös befriedigen kann. Durch die Beschlagnahme wird der Gläubiger gegenüber anderen gesichert.

Der Schuldner, gegen den sich die Exekution richtet, kann den betreibenden Gläubiger mit der

Oppositionsklage Vollstreckungs- bzw Abwehrklage (**oppono** 3, -posui, -positus: entgegenstellen, dagegen vorbringen, einwenden) belangen, mit der er Einwendungen gegen den vollstreckbaren Anspruch erhebt.

Mit einer

Impugnationsklage „Exekutionsbekämpfungsklage" (**impugnatio**, -onis f.: Angriff, Bestürmung, von **impugno** 1: angreifen, bekämpfen) erhebt der Schuldner Einwendungen gegen die Vollstreckbarkeit des der Exekution zugrunde liegenden Anspruchs.

Eine

Exszindierungsklage

(**exscindo** 3, -scidi, -scissus: ausreißen, vernichten, zerstören, hier: die Exekution vernichten) wird erhoben, wenn ein Dritter behauptet, materiell am Exekutionsobjekt berechtigt zu sein, etwa wenn er angibt, Eigentümer der betreffenden Sache zu sein (auch: Drittwiderspruchs-, Interventions-, Aussonderungsklage).

Wird auf eine Geldforderung des Verpflichteten Exekution geführt, so wird ihm ein

inhibitorium, ein Verfügungs- und Einziehungsverbot über die gepfändete Forderung auferlegt (**inhibeo** 2, -ui, -itus: an-, ein-, zurückhalten, hemmen, hindern).

Die gewöhnliche Art der Verwertung der gepfändeten Sache ist die öffentliche Versteigerung oder

Auktion (**auctio**, -onis f.; Verbum: **augeo** 2, auxi, auctus: vergrößern, vermehren, steigern).

Die Versteigerung muß mittels

Versteigerungsedikt (**edictum**, -i n.: Bekanntmachung) verlautbart werden.

vadium obligatorische Bieterkaution vor der Versteigerung (mlat.: Anzahlung)

hora legalis „gesetzliche Stunde“ (**hora**, -ae f.: Stunde). Beim Versteigerungstermin muß nach Aufruf der Sache mindestens eine halbe Stunde Wartezeit bis zur Versteigerung eingehalten werden.

Aus dem römischen Recht stammt das

beneficium competentiae, die Rechtswohltat des Notbedarfs (**competens**, -entis: zustehend, angemessen, ausreichend; **beneficium**, -i n.: Wohltat, Dienst, Gnade), aufgrund welcher dem Schuldner die Mittel für seinen notwendigen Unterhalt belassen werden. Das heutige Prozeßrecht kennt dafür einen Katalog unpfändbarer Sachen.

beneficium excussionis „die Rechtswohltat der Vorausklage“ (**excussio**, -onis f. von **excutio** 3, -cussi, -cussus: herausschlagen, abschütteln, auch: einen Schuldner durch Klage und Zwangsvollstreckung in Anspruch nehmen [„ausklagen“], bevor man auf eine subsidiär verpflichtete Person greifen kann). Der Belangte verweist darauf, zuerst beim Hauptschuldner die Eintreibung der Forderung zu versuchen.

beneficium excussionis realis „Rechtswohltat der Einschränkung der Pfändung“ (eigentlich: der [primären] Inanspruchnahme der Sache, **realis**, -e zu **res**, rei f.: Sache). Man verweist auf den Versuch der Befriedigung aus der Verwertung einer bereits gepfändeten Sache, bevor weiter Exekution geführt wird.

Reichen bei mehreren Gläubigern die zur Exekution tauglichen Objekte des zahlungsunfähigen Schuldners zu deren Befriedigung nicht aus, so ist nur eine

Generalexekution Gesamtvollstreckung (**generalis**, -e: allgemein) sinnvoll.

Konkurs **concursus**, -us m.: Zusammenlauf, Auflauf, Ansturm; gemeint ist das Zusammentreffen mehrerer Gläubiger (**concursus creditorum**)

Nach Beantragung der Konkurseröffnung soll das gesamte Schuldnervermögen auf einmal verwertet und die Gläubiger anteilig befriedigt werden.

Bereits im römischen Konkursverfahren kannte man die öffentliche Verkündung des Konkurses:

proscriptio (**-onis f.**)
öffentliche Bekanntmachung, Ausbietung zum Verkauf (von **proscribo** 3 -scripsi, -scriptus: öffentlich bekanntmachen)

Regelmäßig wurde auch ein

curator bonorum Vermögensverwalter für die Konkursmasse (**bona**: das Vermögen; **curator** s S 68) bestellt. Die

venditio bonorum die Vermögensveräußerung, erfolgte durch Versteigerung.

Insolvenz dauernde Zahlungsunfähigkeit des Schuldners (**solvo** 3, solvi, solutus: lösen, eine Schuld zahlen, abstatten, abtragen; vgl S 119); daher auch die Bezeichnung Insolvenzrecht; insolvent: zahlungsunfähig

Illiquidität nur momentane Zahlungsunfähigkeit (**liquidus** 3: flüssig, fließend; **liquid**: flüssig, zahlungsfähig; **illiquid**: nicht flüssig, zahlungsunfähig). Ist eine Forderung

illiquid, „nicht flüssig", heißt das, sie ist nicht fällig, nicht erwiesen. Wird eine im Konkursverfahren angemeldete Forderung deshalb bestritten, kommt es zu einem

Liquiditätsprozeß, in dem die Forderung geprüft wird.

Das Insolvenzrecht sieht außer dem Konkurs auch die für den Schuldner günstigere Möglichkeit des Ausgleichs vor. Hier spricht man oft vom

Paritätsprinzip Gleichbehandlungsprinzip (**par**, paris: gleichkommend, gleich), nach dem Gläubiger nicht bevorrechteter Forderungen grundsätzlich gleich behandelt werden.

par condicio creditorum
gleiche Stellung der Gläubiger (**condicio**, -onis f.: Stellung; Übereinkunft, Bedingung; **creditor**, -oris m.: Gläubiger).

IV. Abschnitt

Bereits im römischen Konkursverfahren gab es die Möglichkeit, Vermögensverschiebungen, die

in fraudem creditorum,
„zum Nachteil der Gläubiger“, getätigt wurden, anzufechten (**fraus**, fraudis f.: Betrug, Täuschung, Schaden, Nachteil; **creditor**, -oris m.: Gläubiger).

fraus creditorum Betrug, Schädigung der Gläubiger, Gläubigerbenachteiligung

Das Völkerrecht ist das Recht der Beziehungen zwischen Staaten und anderen Völkerrechtssubjekten, wie etwa Internationalen Organisationen. Es ist also nicht innerstaatliches Recht. Der lateinische Begriff dafür ist

ius gentium Völkerrecht (**gens**, gentis f.: Volk, Staat; vgl aber die abweichende Bedeutung des Begriffes im römischen Recht, o S 27).

Das Völkerrecht beruht auf

Reziprozität Gegenseitigkeit (**reciprocus** 3: auf demselben Weg zurückkehrend), dem gegenseitigen Einhalten der Normen. Es gilt der Grundsatz

par in parem non habet imperium
Der Gleiche hat über den Gleichen keine Herrschaftsgewalt (**par**, paris: gleich; **imperium**, -i n.: Macht, Herrschaft).

international zwischenstaatlich (**inter**: zwischen; **natio**, -onis f.: Geburt, Volk, Nation)

Beziehungen zwischen Staaten sind

bilateral zweiseitig (**latus**, -eris n.: Seite; **bi**: zwei)

oder

multilateral mehrseitig (**multus** 3: viel, Plural: zahlreiche, viele).

multilaterale Verträge
Abkommen mehrerer Staaten

Konvention völkerrechtlicher Vertrag (**conventio**: Übereinkunft, s o S 49)

Konkordat Vertrag mit der Kirche (**concordo** 1: übereinstimmen)

Ratifikation feierliche Erklärung des innerstaatlich berufenen Organs, an einen völkerrechtlichen Vertrag gebunden zu sein (mlat. **ratificatio**: Genehmigung, Bestätigung; **ratus** 3: gültig, bestätigt, rechtskräftig + **facere**: machen)

Inkorporation Eingliederung, Übernahme völkerrechtlicher Normen in das innerstaatliche Recht („Einverleibung“; **corpus**, -oris n.: Körper, Gesamtheit). Dies geschieht durch

V. Abschnitt

Transformation Überleitung, Umwandlung in nationales Recht (**transformo** 1: umbilden, verwandeln) oder

Adoption Übernahme völkerrechtlicher Normen ohne Umwandlung in nationales Recht (**adopto** 1: annehmen).

Staatliche Beamte, die im Bereich der Außenbeziehungen eingesetzt sind, heißen

Diplomaten (ursprünglich: Schreiber, Hersteller von Urkunden; **diploma**, -atis n.: Empfehlungsbrief).

Mission Botschaft, ständige Vertretung eines Staates im Ausland (**missio**, -onis f.: Abschicken, Absenden zu **mitto** 3, misi, missus: schicken). Ständige Vertreter bedürfen der

Akkreditierung Anerkennung als Gesandter eines Staates (durch Entgegennahme des „Akkreditierungsschreibens" = Beglaubigungsschreiben durch den Bundespräsidenten; vgl **accredo** 3, -didi, -ditus: glauben wollen)

Konsulate, konsularische Vertretungen
staatliche Vertretungen mit vorwiegend verwaltungsmäßigen Aufgaben (vgl das römische Amt des Konsuls)

Ein Konsul bedarf im Gaststaat des sog

Exequatur wörtlich: „er möge ausüben" (**exsequor** 3, exsecutus sum: ausführen, vollziehen) = Ermächtigung, die konsularischen Funktionen auszuüben.

Nuntius Gesandter des Heiligen Stuhls (**nuntius**, -i m.: Bote)

Staatenvertreter genießen

Immunität, sie sind der Gerichtsbarkeit des Gastlandes weitgehend entzogen (vgl o S 147). Auch

Exemtion Ausnahme, Ausnehmung (von der Gerichtsbarkeit; **eximo** 3, -emi, -emptus: herausnehmen, befreien). Vgl auch

Exterritorialität s S 44

Diplomatische Vertreter können zur

persona non grata erklärt werden: „nicht erwünschte Person" (**gratus** 3: angenehm, wert, begünstigt).

Ad-hoc-Delegation

Abordnung von Gesandten für einen bestimmten Anlaß (zu **delegatio** auch o S 37, 122; **ad hoc**: zu diesem)

Deputation Abordnung, Gesandtschaft (**deputo** 1: jemandem etwas zuweisen)

Memorandum Denkschrift, Stellungnahme (**memoro** 1: erinnern, berichten; **memorandum**: Gerundiv: das zu Berichtende)

Deklaration offizielle feierliche Erklärung (**declaratio**, -onis f.: Kundgebung, Erklärung)

Resolution Entschließung, Beschluß (**resolutio**, -onis f.)

Konsultation Beratung, gemeinsame Besprechung (**consultatio**, -onis f.: Befragung, Beratschlagung)

Notifikation Bekanntgabe eines völkerrechtlich relevanten Umstandes oder eines einseitigen völkerrechtlichen Rechtsgeschäfts in Form einer diplomatischen Note (**notus** 3: bekannt + **facere**: machen)

Supranationale Organisationen

„übernationale" Organisationen, deren Mitglieder Staaten oder andere Völkerrechtssubjekte sind und auf die hoheitliche Befugnisse übertragen werden (**supra**: über)

Assoziierung Teilnahme ohne volle Mitgliedschaftsrechte (sog assoziierte Mitglieder; **ad**: zu; **socio** 1: vereinigen, verbinden; **socius**, -i m.: Teilnehmer, Gesellschafter)

Vetorecht Einspruchsrecht, gegen das kein positiver Beschluß gefaßt werden kann (**veto** 1, vetui, vetitus: verbieten, nicht zulassen)

Konföderation Staatenbund (**confoederatio**, -onis f.: Bund; **foederati**, -orum: Verbündete; **foedus**, -eris n.: Bund, Bündnis; **cum**: mit). Davon auch: Föderalismus (innerstaatliche Gestaltung mit Betonung der Länder bzw Teilstaaten)

V. Abschnitt

Völkerrechtliche Sanktionen:

Retorsion Vergeltungsmaßnahme bei unfreundlichen oder völkerrechtswidrigen Maßnahmen eines anderen Staates (**retorqueo** 2, -torsi, -tortus: zurückschlagen, -wenden)

Repressalie Eingriff in geschützte Rechtsgüter des anderen Staates als Folge einer Rechtsverletzung von seiner Seite (**reprimo** 3, -pressi, -pressus: zurückdrängen, abwehren)

Begriffe aus dem Bereich der Konfliktaustragung:

ius ad bellum „Recht zum Krieg" = Regeln über die Erlaubtheit der Gewaltanwendung (**bellum**, -i n.: Krieg; **ad**: Präp. + Akk.: zu)

bellum iustum „gerechter Krieg"

bellum defensivum Verteidigungskrieg (**defendo** 3, -fendi, -fensus: verteidigen)

ius in bello wörtlich: Recht im Krieg; Kriegsrecht, Recht der Kriegsführung (zB humanitäre Regeln)

Aggression Angriff (**aggressio**, -onis f.: Angriff; von **aggredior** 3, aggressus sum: angreifen); Aggressor: Angreifer

Invasion widerrechtlicher (bewaffneter) Einbruch in fremdes Staatsgebiet (**invado** 3, -vasi, -vasus: gewaltsam hineingehen, eindringen; **invasor**: Besitzergreifer, Eroberer)

Intervention Eingriff, Einmischung (von **intervenio** 4, -veni, -ventum: dazwischenkommen, sich einmengen)

Interzession erlaubte Einflußnahme (**intercessio**, -onis f.: Dazwischentreten, Vermittlung)

Adjudikation Übergang eines Territoriums durch Schiedsspruch (**adiudico** 1: richterlich zuerkennen)

Annexion gewaltsame Gebietseinverleibung durch einen Staat auf Kosten eines anderen. Es können sowohl Teile (partielle A.) als auch das gesamte Gebiet (totale A.) eines fremden Staates annektiert werden (letzteres hat den Untergang des Staates zur Folge; **annecto** 3, -nexui, -nexus: anbinden, anknüpfen, hinzufügen).

debellatio (-onis f.) vollständige Niederringung der gegnerischen Kriegspartei; Einverleibung des Staatsgebietes des (militärisch) vollkommen „niedergerungenen" Gegners (**debello** 1: niederkämpfen; zu Ende, auskämpfen)

dismembratio (-onis f.)
Zerfall, Auflösung (**membrum**, -i n.: Körperglied; **dis**: auseinander), hier: Staatsuntergang durch Zerfall

Okkupation Besetzung, Inbesitznahme fremden Staatsgebietes (ohne Untergang des besetzten Staates; zu **occupo** 1: besetzen)

occupatio quasi-bellica
„Kriegsähnliche" Besetzung (vgl die Besetzung Österreichs im Jahr 1938)

Kapitulation Vereinbarung über die Übergabe der militärischen Mittel, Unterwerfung

Kontribution Abgaben, Beiträge an Besatzungstruppen (**contribuo** 3, -ui, -utus: beitragen; vgl: Tribut)

Requisition Beschlagnahme (**requiro** 3, -quisivi, -quisitus: verlangen, fordern); vgl requirieren

Kombattanten Personen, die rechtmäßig bewaffnete Kampfhandlungen durchführen, ohne persönlich zur Verantwortung gezogen zu werden, und eine Sonderbehandlung als Kriegsgefangene beanspruchen können (**battuo**: schlagen; **cum**: zusammen)

ius postliminii Rückkehr-, Heimkehrrecht (**postliminium**, -i n. aus **post**: hinter und **limen**, -inis n.: Schwelle); römischer Rechtssatz, nach dem der aus der Gefangenschaft Zurückgekehrte wieder in seinen früheren Rechtszustand eintritt, bzw. in Feindesgewalt gekommene Sachen bei Wiedererlangung in den früheren Rechtszustand zurückkehren

Reparation Kriegsentschädigung (**reparatio**, -onis f.: Wiederherstellung, Wiederaufbau)

Genozid, Ethnozid
Völkermord, Rassenmord (**ethnos**: griech.: Volk; **caedo** 3, cecidi, caesus: morden)

V. Abschnitt

Sezession Abfall, Loslösung eines Staatsgebiets (**secessio**, -onis f.: Beiseitetreten, politische Trennung)

Revolution Umsturz, Umwälzung (**revolvo** 3, -volvi, volutus: zurückrollen, -fallen, umwälzen)

Neutralität Unparteilichkeit, Nichtbeteiligung, Nichteinmischung (vgl **neuter, neutra, neutrum**: keiner von beiden; mlat. **neutralitas**, -atis f.: Parteilosigkeit). Daraus ergibt sich das

Abstinenzprinzip Enthaltung von aktiver Beteiligung an militärischen Auseinandersetzungen (**abstineo** 2, -nui, -tentus: sich enthalten, fernbleiben)

Paritätsprinzip Grundsatz der Gleichbehandlung der kriegführenden Parteien (**par**, paris: gleich)

Exil Verbannung, auch: Zuflucht, Zufluchtsstätte (**exilium**, -i n.)

Deportation Zwangsverschickung, Verschleppung (**deporto** 1: fortbringen, -schaffen, verbannen)

Protektorat Schutzherrschaft eines Staates über das Territorium eines anderen (**protego** 3, -texi, -tectus: decken, schützen)

Asyl Freistätte, Zufluchtsort, auch: völkerrechtliches Institut (griech.; lat.: **asylum**, -i n.)

Emigrant Auswanderer (**emigrans**, -antis: Part. Präs. zu **emigro** 1: auswandern)

Immigrant Einwanderer (**immigrans**, -antis: Part. Präs. zu **immigro** 1: einwandern)

Kondominium, Koimperium
gemeinsame Gebietshoheit, gemeinsame Herrschaft mehrerer Staaten (**cum**: zusammen; **imperium**, -i n.: Herrschaft; **dominium**, -i n.: Eigentum vgl o S 81)

terra nullius Niemandsland, staatenloses Gebiet (**nullius**: Genetiv zu **nemo** m.: niemand, keiner)

mare liberum das „freie Meer" = völkerrechtlicher Grundsatz, nach dem das offene Meer keiner Hoheitsgewalt unterliegt (**mare**, -is n.: Meer; **liber**, -a, -um: frei, unbeschränkt)

Uti-possidetis-Prinzip

„so wie ihr besitzt“ (**uti** = **ut**: wie; **possideo** 2, -sedi, -sessus: besitzen): Grundsatz der Beibehaltung eines bestehenden Rechtszustandes, bezogen auf Staatsgrenzen zu einem bestimmten Zeitpunkt

sic utere tuo ut alienum non laedas

Benutze das Deine so, daß du das Fremde nicht verletzt (**utere**: Imperativ von **utor** 3, usus sum: benutzen, gebrauchen; **tuo**: Abl. zu **tuum**: das Deinige [**tuus** 3]; **laedo** 3, laesi, laesus: verletzen, beschädigen; **ut**: daß; **alienus** 3: fremd). Völkerrechtlicher Grundsatz, der zB bei der Nutzung von Flüssen zur Anwendung kommt.

VI. Abschnitt

1. Kapitel: Kurze Rechtssätze und Rechtssprichwörter

In der folgenden, alphabetisch geordneten Sammlung von lateinischen Rechtsformeln und -sprichwörtern sind (mit Verweis) auch diejenigen enthalten, die schon weiter oben behandelt wurden. Nicht alle davon beanspruchen Geltung auch im modernen Recht.

ab initio nullum semper nullum

Anfangs nichtig, immer nichtig = Zeitablauf allein führt nicht zur Gültigkeit ungültiger Rechtsgeschäfte (**nullus** 3: kein; auch: nichtig, wirkungslos; **initium**, -i n.: Beginn, Anfang).

accessio cedit principali

s S 86

actor sequitur forum rei

s S 152

adoptio imitatur naturam

Die Adoption ahmt die Natur (natürliche Abstammung) nach (**imitor** 1: nachahmen).

ad turpia nemo obligatur

Zu Schändlichem ist niemand verpflichtet = eine Obligation mit sittenwidrigem Inhalt ist nicht durchsetzbar (**turpis**, -e: schändlich, schimpflich, schmählich; **obligo** 1: s S 96; **ad**: Präp. + Akk.: zu, an, bei).

alteri (dari) stipulari nemo potest

Niemand kann sich zugunsten eines anderen etwas versprechen lassen (**alter, altera, alterum**: der andere; **potest**: er, sie, es kann; **stipulor**, -an, -atus sum: sich angeloben lassen, abmachen).

ambiguitas contra proferentem

Mehrdeutigkeit geht zu Lasten des Erklärenden (**ambiguitas**: s S 52; **profero**, -ferre, tuli, -latus: hervorbringen).

**apiscimur possessionem corpore et animo,
neque per se animo aut per se corpore**

s S 79

arbitrium est iudicium
Der Schiedsspruch ist ein Urteil = ein Schiedsspruch steht (bei Vereinbarung eines Schiedsgerichtes) einem Urteil eines ordentlichen Gerichtes gleich (**arbitrium**, -i n.: richterliches Ermessen, auch: Schiedsspruch).

audiatur et altera pars
s S 162

beati possidentes Glücklich die Besitzenden (s auch S 76).

bella gerant alii, tu, felix Austria, nube!
s S 70

bis de eadem re agere non licet
(ne sit actio) s S 157

bona fides praesumitur
Der gute Glaube wird vermutet (vgl S 162).

casum sentit dominus
s S 115

casus a nullo praestantur
s S 115

caveat emptor Der Käufer möge sich (im Hinblick auf Mängel der Kaufsache) vorsehen (**caveo** 2, cavi, cautus: sich vorsehen, hüten, in acht nehmen).

cessante ratione cessat lex ipsa
Sinngemäß: Fällt der Zweck eines Gesetzes weg, fällt auch das Gesetz selbst weg (**cesso** 1: aussetzen, nachlassen).

ceterum censeo ... im übrigen glaube (rate) ich ...
(**ceterum**: übrigens; **censeo** 2, censui, census: glauben, meinen, dafürhalten).

coactus volui Gezwungen wollte ich = die unter Zwang vorgenommene Handlung ist gültig, man kann sie aber entkräften (**cogo** 3, coegi, coactus: zwingen, nötigen; **volo**, velle, volui: wollen, vorziehen).

collegium non moritur
Eine Körperschaft stirbt nicht (besteht auch bei Tod oder Ausscheiden einzelner Mitglieder weiter; **morior** 3, mortuus: sterben).

VI. Abschnitt

commodum eius esse debet, cuius periculum est

Der Vorteil muß dem gehören, der die Gefahr trägt (vgl unten: **periculum eius esse debet, cuius est commodum**).

confessio est regina probationum

Das Geständnis ist die Königin der Beweise (**regina**, ae f.: Königin; **probatio**, -onis f.: Beweis; **confessio**, -onis f.: Geständnis).

confessio non est probatio

Ein Geständnis ist kein Beweis.

confessus pro iudicato habetur

s S 155

consensus facit nuptias

s S 70

consilium testantis certum esse debet

Der Entschluß eines Testators muß bestimmt sein = wer ein Testament errichtet, muß seinen Willen klar zum Ausdruck bringen (**testor** 1: ein Testament machen; **consilium**, -i n.: Rat, Entschluß).

contra vim non valet ius

Gegen Gewalt hat das Recht keine Macht (**valeo** 2, -ui: stark sein, Macht haben; **vis** f.: Gewalt, Macht).

conventio est lex Die Übereinkunft ist Gesetz. Eine erlaubte rechtsgeschäftliche Einigung ist ebenso wirksam wie ein Gesetz und kann Ansprüche erzeugen.

cuius est solum, eius est usque ad coelum

Wem der Boden gehört, dem gehört er bis zum Himmel (**solum**, -i n.: Boden; **coelum**, i n.: Himmel; **usque ad**: bis zu).

cuius regio, eius religio

Wessen Gebiet, dessen Religion (Augsburger Religionsfriede 1555). Wem das Territorium untertan ist, dessen christliches Bekenntnis haben die Einwohner (**cuius**: Genetiv von **qui, quae, quod**: welcher, der; **eius**: Genetiv von **is, ea, id**: der, die, das; er, sie, es).

da mihi facta, dabo tibi ius

s S 159

de minimis non curat praetor (bzw **lex**)

Das Gericht (das Gesetz) trägt nicht Sorge für (kümmert sich nicht um) die kleinsten Dinge (**curo** 1: sorgen, sich kümmern um; **minimus** 3: der kleinste). Geringfügigkeiten kümmern das Gericht/das Gesetz nicht.

dicat testator et erit lex

Der Testator spreche und es wird Gesetz sein = eine Verfügung von Todes wegen ist wie ein Gesetz (**dico** 3, dixi, dictus: sprechen).

dies interpellat pro homine

Der Tag mahnt für den Menschen. Bei terminisierten Verpflichtungen ist keine Mahnung für die Fälligkeit erforderlich (**dies**, diei m./f.: s S 56; **homo**, -inis m.: Mensch; **interpello** 1: in die Rede fallen).

dolo facit qui petit quod redditurus est

Arglistig handelt, wer etwas verlangt, was er wieder zurückgeben müßte (**peto** 3, -ivi, -itus: beanspruchen; **reddo** 3, -didi, -ditus: zurückgeben; **redditurus**: Part. Futur: einer, der zurückgeben wird).

dolus semper praestatur

Für Vorsatz ist immer einzustehen (**praesto** 1, -stiti, -stitus: gewähren, einstehen, bürgen; **semper**: immer; **dolus**: s S 114).

dolus pro possessione est

s S 77

dolus suus neminem relevat

Niemandem hilft seine Arglist (**relevo** 1: erleichtern, von etwas abhelfen).

do ut des Ich gebe, damit du gibst. Vgl S 110

dura lex, sed lex Ein hartes Gesetz, aber ein Gesetz. Auch ein hartes Gesetz darf nicht übertreten werden (**durus** 3: hart).

emptio tollit locatum

Kauf bricht Miete (**tollo** 3, sustuli, sublatus: aufheben, entfernen, beseitigen; **locatum** von **loco** 1: vermieten, verpachten).

errantis voluntas nulla est

Der Wille eines Irrenden ist nichtig (**errans**, -antis: Part. Präs.: von **erro** 1: irren; **voluntas**, -atis f.: s S 51; **nullus** 3: hier: nichtig).

VI. Abschnitt

error iuris nocet s S 53

error calculi non nocet

Ein Rechenfehler schadet nicht (zB im Urteil; **calculus**, -i m.: Rechnung).

ex facto oritur ius Recht entsteht aus Tatsächlichem (**orior** 4, ortus sum: entstehen, entspringen).

ex iniuria ius non oritur

Aus Unrecht geht kein Recht hervor = durch Begehung von Unrecht kann man sich kein Recht verschaffen (**orior** 4, ortus sum: sich erheben, entstehen).

falsa demonstratio non nocet

Falschbezeichnung schadet nicht (**noceo** 2, -cui, -citum: schaden; **falsus** 3: falsch); zB: Wenn man sich über den Vertragsgegenstand geeinigt hat, macht es nichts, wenn man ihn irrtümlich falsch benennt.

furiosi (prodigi) voluntas nulla est

Der Wille eines Geisteskranken (Verschwenders) ist nichtig (vgl S 68).

fur semper in mora

Der Dieb befindet sich immer im Verzug (vgl S 99, 112).

genus non perit s S 75, auch

genus perire non potest

Die Gattung kann nicht untergehen.

ignorantia facti, non iuris excusat

Tatsachenunkenntnis, nicht aber Rechtsunkenntnis entschuldigt (**excuso** 1: entschuldigen; **ignorantia**, -ae f.: vgl S 53).

ignorantia iuris nocet

Rechtsunkenntnis schadet (vgl S 53).

impossibilium nulla est obligatio

Es gibt keine Verpflichtung zu unmöglichen Dingen = Unmögliches kann nicht Gegenstand einer gültigen Verpflichtung sein (**impossibilis**, -e: unmöglich).

in dubio minus Im Zweifel weniger; Regel für den Richter, wenn die Höhe der Forderung nicht eindeutig ist (**dubium**, -i n.: Zweifel).

in dubio pro libertate
Im Zweifel für die Freiheit (bei Freilassung von Sklaven).

in dubio pro possessore
Im Zweifel für den Besitzer (im Eigentumsprozeß).

in dubio pro reo s S 146

infitiando lis crescit in duplum
s S 157

iniuria non excusat iniuriam
Unrecht entschuldigt Unrecht nicht = in Vergeltung ausgeübtes Unrecht wird nicht entschuldigt (**excuso** 1: entschuldigen).

ipso iure compensatur
Aufgerechnet wird kraft Gesetzes; die Aufrechnungswirkung tritt schon durch das Gesetz selbst ein (vgl S 121).

iudex iudicet secundum allegata et probata partium
s S 159

iudex ne procedat ex officio
s S 151

iudex non calculat
Der Richter rechnet nicht (**calculo** 1: rechnen). Rechnen ist nicht Aufgabe des Richters, seine Rechenarbeit im Urteil erwächst nicht in Rechtskraft. Fehler können jederzeit berichtigt werden.

iura noscit (novit) curia
s S 159

ius civile scriptum est vigilantibus
Das Privatrecht ist für die Wachsamen geschrieben (**vigilo** 1: wachen; **vigilans**, -antis: Part. Präs.).

ius est ars boni et aequi
s S 20

VI. Abschnitt

ius praetorium est, quod praetores introduxerunt adiuvandi vel supplendi vel corrigendi iuris civilis gratia

ius praetorium ist das Recht, das die Prätoren zur Unterstützung, Ergänzung und Korrektur des **ius civile** eingeführt haben (**adiuvo** 1, -iuvi, -iutus: helfen, unterstützen; **suppleo** 2, -plevi, -pletus: ergänzen; **corrigo** 3, -rexi, -rectus: berichtigen, verbessern).

ius publicum privatorum pactis mutari non potest

s S 24

iustitia est constans et perpetua voluntas ius suum cuique tribuendi

s S 24

lex iniusta non est lex

Ein ungerechtes Gesetz ist kein Gesetz.

lex posterior derogat priori (legi)

s S 42

lex specialis derogat generali (legi)

s S 42

lex superior derogat inferiori (legi)

s S 43

locus regit actum Der Ort beherrscht den Abschluß des Rechtsgeschäftes = Formwirksamkeit ist nach dem Ort des Geschäftsabschlusses zu beurteilen (**locus**, -i m.: Ort, Platz; **actus**, -us m.: Handlung, Tat, hier: rechtsgeschäftliches Handeln.)

maior dividat, minor eligat

s S 135

mala fides superveniens non nocet

s S 85

mater semper certa est

s S 64

melior est condicio possidentis

s S 76

mobilia sequuntur personam

s S 44

mora perpetuatur obligatio

Durch den Verzug wird die Obligation verewigt (**perpetuo** 1: fortdauern, fortdauern lassen; **mora**, -ae f.: s S 99).

mors certa, hora incerta

s S 56

nasciturus pro iam nato habetur, quotiens de commodis eius agitur

s S 59

ne bis in idem s S 158

ne eat iudex ultra petita partium

s S 164

negativa non sunt probanda

s S 161

nemini res sua servit

s S 91

nemo auditur turpitudinem suam allegans

Niemand wird gehört, der sich auf eigenes sittenwidriges Handeln beruft (**allego** 1: anführen, berufen auf; **turpitudo**, -inis f.: Schändlichkeit; **nemo** m.: niemand; **audio** 4: hören).

nemo iudex in sua causa

Niemand sei Richter in eigener Sache = ein Richter darf sein Amt nicht ausüben, wenn es um seine eigene Sache geht (**causa**, -ae f.: hier: Rechtssache, Rechtsstreit).

nemo iudex sine actore

s S 151

nemo plus iuris ad alium transferre potest quam ipse habet

s S 83

nemo pro parte testatus, pro parte intestatus decedere potest

s S 129

nemo sibi ipse causam possessionis mutare potest

Niemand kann sich selbst den Grund seines Besitzes ändern. Vor allem kann sich ein unrechtmäßiger Besitzer nicht zu einem rechtmäßigen machen (**muto** 1: ändern; **possessio**, -onis f.: Besitz; vgl S 76).

nomina sunt ipso iure divisa

s S 97

non omne, quod licet, honestum est

Nicht alles,was erlaubt ist, ist auch ehrenhaft (**licet**, licuit: es ist erlaubt, man darf; **honestus** 3: ehrenhaft, anständig).

noxa caput sequitur

s S 113

nulla poena sine culpa

s S 141

nulla poena sine lege (scripta)

s S 138

nullum crimen sine lege (scripta)

s S 138

nullum crimen sine poena

Kein Verbrechen ohne Strafe (alle Verbrechen müssen gesühnt werden).

omnis definitio in iure civili periculosa est

Jede Definition im Privatrecht ist gefährlich (besser: gewagt, problematisch).

pacta sunt servanda

Verträge müssen eingehalten werden (**servo** 1: eigentlich: beobachten, hüten; Gerundiv: **servandus** 3: zu beobachten, zu erfüllen).

par in parem non habet imperium

s S 173

pater est, quem nuptiae demonstrant

s S 64

perfecta emptione periculum ad emptorem respicit

s S 104

periculum eius esse debet, cuius est commodum

Die Gefahr soll derjenige tragen, der den Vorteil hat (**commodum**, -i n.: Vorteil, Nutzen; **debeo** 2, -bui, -bitus: schulden, sollen; **periculum**, -i n.: s S 99).

periculum est emptoris

s S 104

pignus pignori dari potest

Ein Pfand kann zum Pfand gegeben (verpfändet) werden (sog Afterpfand; zu **pignus**, -oris n.: s S 92 f.).

poenalia non sunt extendenda

Strafsachen dürfen nicht ausgedehnt werden = im Strafrecht ist Analogie zu Ungunsten eines Angeklagten nicht zulässig (**poenalia** von **poenalis**, -e: auf Strafe bezüglich; **extendo** 3, -tendi, -tensus: ausdehnen, -breiten).

princeps legibus solutus (est)

Der Fürst (Kaiser) ist den Gesetzen nicht unterworfen, von den Gesetzen frei, befreit (**solvo** 3, solvi, solutus: befreien).

prior tempore potior iure

s S 84; S 93

probare debet, qui dicit, non qui negat

s S 161

protestatio facto contraria non valet

Eine dem (eigenen) Handeln entgegenstehende Verwahrung (ausdrückliche Erklärung) gilt nicht; dh wenn man ein Verhalten setzt, das schlüssige (konkludente) Willenserklärung ist, nützt auch eine dem entgegenstehende ausdrückliche Erklärung nichts (**protestatio**, -onis f.: öffentliche Erklärung; **valeo** 2, -ui: gelten, Geltung haben; **contrarius** 3: entgegengesetzt).

punitur ne peccetur

s S 138

quisquis praesumitur bonus

s S 162

VI. Abschnitt

qui suo iure utitur, neminem laedit

Wer von seinem Recht Gebrauch macht, schädigt niemanden (**utor** 3, usus sum: verwenden, gebrauchen; **laedo** 3, laesi, laesus: verletzen).

qui tacet, consentire videtur (ubi loqui potuit et debuit)

Wer schweigt, stimmt zu (= wird als zustimmend angesehen), wo er sprechen hätte können oder müssen (**taceo** 2, -ui: schweigen; **consentio** 4, -sensi, -sensum: übereinstimmen, zustimmen; **video** 2, vidi, visus: sehen, passiv: gesehen, gehalten werden, scheinen; **loquor** 3, locutus sum: sprechen; **debeo** 2, -bui, bitus: sollen, müssen).

quod erat demonstrandum

Was zu beweisen war (**demonstro** 1: zeigen, beweisen, demonstrieren; **demonstrandum**: Gerundiv: ein zu beweisendes).

quod non est in actis, non est in mundo

Was nicht in den Akten ist, ist nicht in der Welt (**mundus**, -i m.: Welt, Erde; **acta**, -orum n.: Protokolle, Akten); für einen Prozeß ist nur relevant, was sich aus den Akten ergibt.

ratio legis est anima legis

Der Sinn des Gesetzes ist die Seele des Gesetzes (**ratio legis**: s S 30; **anima**, -ae f.: Seele, Leben).

re extincta pignus perit

Das Pfand geht mit Zerstörung der (Pfand-) Sache unter (**pignus**, -oris n.: s S 92; **extinguo** 3, -tinxi, -tinctus: auslöschen, vernichten, zugrunde gehen).

relata refero Ich berichte (mir) Berichtetes (**relata**: PPP von refero, -ferre, rettuli, relatus: hier: berichten, mitteilen).

repetitio est mater studiorum

s S 15

res iudicata pro veritate accipitur

Die entschiedene Angelegenheit wird für die Wahrheit gehalten = die Rechtskraft eines Urteils bewirkt, daß die Angelegenheit als richtig entschieden gilt (**veritas**, -atis f.: Wahrheit; **accipio** 3, -cepi, -ceptus: nehmen, annehmen, akzeptieren; **res iudicata**: s S 149; 158; **pro**: Präp. + Abl.: für, als, wie).

Roma locuta, causa finita

Rom hat gesprochen, die Angelegenheit ist beendet. Aus dem Kirchenrecht: der Papst ist oberste Instanz (**loquor** 3, locutus sum: sprechen; **finio** 4: beenden, beschließen, begrenzen).

scire leges non hoc est verba earum tenere sed vim ac potestatem

Die Gesetze zu kennen bedeutet nicht, an ihren Worten zu haften, sondern ihren Sinn und ihre Wirkung (Bedeutung) zu begreifen (**scio** 4, scivi, scitum: wissen, kennen; **teneo** 2, tenui: halten, festhalten).

semel heres semper heres

s S 126

semel maior, semper maior

einmal volljährig, immer volljährig (**maior**: eigentlich: größer [Komparativ von **magnus** 3: groß]; **semel**: einmal, wenn einmal; **semper**: immer)

sententia facit ius Ein Urteil schafft (macht) Recht (vgl S 163, 165).

servitus est civiliter exercenda

s S 91

servitus in faciendo consistere nequit

s S 91

servitus praedio utilis esse debet

s S 92

servitus servitutis esse non potest

s S 91

sic utere tuo ut alienum non laedas

s S 179

singularia non sunt extendenda

Sonderregeln dürfen nicht ausgedehnt werden (Auslegungsgrundsatz). (**singularis**, -e: einzeln; **extendo** 3, -tendi, -tensus: ausdehnen, -breiten; **extendenda**: Gerundiv).

stat pro ratione voluntas

Der Wille steht für eine Begründung = Ausdruck der Privatautonomie (**voluntas**, -atis f.: Wille, Wunsch; **sto** 1, steti, staturus: stehen).

VI. Abschnitt

summum ius, summa iniuria
s S 25

superficies solo cedit
s S 87

tertium non datur Etwas Drittes gibt es nicht (man muß sich für eine von zwei Varianten entscheiden).

tot gradus quot generationes
So viele Grade wie Zeugungen: die Gradnähe der Verwandtschaft richtet sich nach der Anzahl der sie vemittelnden Zeugungen (**gradus**, -us, m.: Grad, Rang; **tot**: so viele; **quot**: wie viele).

tres faciunt collegium
Drei bilden einen Verein = Ein Verein muß im römischen Recht aus mindestens drei Personen bestehen (**collegium**, -i n.: Verein; **tres, tria**: drei).

turpitudinem suam allegans nemo auditur
vgl **nemo auditur turpitudinem suam allegans**

ubi rem meam invenio, ibi eam vindico
Wo ich meine Sache finde, dort verlange ich sie heraus = der Eigentümer einer Sache kann sie von jedem Innehaber herausverlangen (**invenio** 4, -veni, -ventus: finden; **vindico** 1: beanspruchen).

venire contra factum proprium (nemini licet)
(Keinem ist erlaubt) sich in Widerspruch zu seinem eigenen Verhalten zu setzen; gegen das eigene (frühere) Handeln zu agieren ist niemandem erlaubt (**proprius** 3: eigen, eigentümlich; **venio** 4, veni, ventum: eigentlich: kommen, heranrücken, angehen; **licet**, -uit: es ist erlaubt; **contra**: Präp. + Akk.: gegen; **nemo** m.: niemand).

vim vi repellere licet
s S 140

volenti non fit iniuria
s S 140

2. Kapitel: Kurzausdrücke und gebräuchliche Abkürzungen

ab initio von Anfang an (**a, ab**: Präp. + Abl.: von … her)

ab ovo „vom Ei an" = von Anfang an (**ovum**, -i n.: das Ei)

ad acta zu den Akten („weglegen"; **ad**: Präp. + Akk.: zu)

ad fontes „zu den Quellen" (**fons**, fontis m.: Quelle, Ursprung)

ad hoc zu diesem, dazu (**hic, haec, hoc**: dieser)

ad inf. (infinitum) ins Unbegrenzte (**infinitus** 3: unbegrenzt)

ad interim einstweilen, unterdessen

ad lib. (libitum) beliebig

ad notam zur Kenntnis (**nota**, -ae f.: Kennzeichen, Marke)

ad referendum zum Bericht, zur Berichterstattung (von **refero**, rettuli, relatus: berichten, mitteilen)

ad usum zum Gebrauch (**usus**, -us m.: Gebrauch, Verwendung)

agenda zu erledigende Dinge (Gerundiv von **ago** 3, egi, actus: tun)

alias anders, sonst

alter ego das andere Ich (Stellvertreter)

app. (appendix) Anhang

a posteriori vom späteren her, im nachhinein; Bedeutung: aus der Erfahrung schöpfend (**posterior**, -ius: der spätere)

a priori vom früheren her, von vornherein; ohne Erfahrungsgrundlage (**prior**, -ius: der frühere)

ceteris paribus unter im übrigen gleichen (Voraussetzungen) (**par**, paris: gleich; **ceterus** 3: der sonstige, andere übrige; Ablativ)

VI. Abschnitt

cf. (confer)	vergleiche (mit Stellenangabe)
communis opinio	allgemeine („herrschende“) Meinung (etwa zu einer Rechtsfrage; **opinio**, -onis f.: Meinung, Vermutung)
contradictio in adiecto	Widerspruch im „Beigefügten“ (**adicio** 3, -ieci, -iectus: hinzufügen, beisetzen; **contradictio**, -onis f.: Widerspruch). Beispiel: „schwarzer Schimmel“
contradictio in se	Widerspruch in sich (selbst)
contra legem	gegen das Gesetz (**contra**: Präp. + Akk.: gegen)
contra tabulas	entgegen dem Grundbuchstand (im röm. Recht auch: gegen das Testament; **tabula**, -ae f.: Tafel, Urkunde; meist im Plural)
coram publico	vor aller Öffentlichkeit (**coram**: Präp. + Abl.: in Gegenwart, vor)
c.t.	siehe bei s.t.
cui bono	wem Gutes? (= wem nützt es?)
cum grano salis	mit dem Korn des Salzes (Bedeutung: mit Vorsicht, nicht ohne Einschränkungen; **granum**, -i n.: Korn: **sal**, salis m.: Salz)
cur. (curavit)	„er trug Sorge“ (**curo** 1) = besorgt von (etwa bei einer Herausgabe von Texten)
cura posterior	die „spätere Sorge“: weniger wichtige Probleme (**cura**, -ae f.: Sorge; **posterior**, -ius: der spätere, geringere)
d.d. (**de dato** oder **die dicto**)	von heute bzw am genannten Tag
de facto	vom Faktischen (Tatsächlichen) her, tatsächlich (**de**: Präp. + Abl.: von … her)
de iure	vom Recht her; von Rechts wegen
de lege	vom Gesetz her
distinctio iuris	Unterscheidung im Recht (**distinctio**, -onis f.: Unterschied; zu **distinguo** 3, -tinxi, -tinctus: unterscheiden, trennen)

dixi ich habe gesprochen (von **dico** 3: sprechen)

ed. (editio, edidit) Ausgabe bzw. „herausgegeben von“

eo ipso „durch dieses selbst“, aus diesem selbst (… daraus folgt **eo ipso**, daß …)

ergo also, folglich

erga omnes in Hinsicht auf alle, gegen alle

et al. (alii) und andere (**alius**, alia, aliud: der andere, ein anderer)

ex aequo et bono
nach billigem und gutem (Ermessen) = Klausel in Schiedsvereinbarungen

ex ante „von früher aus“

exempli causa beispielshalber (**exemplum**, -i n.: Muster, Beispiel)

ex lege aus dem Gesetz, kraft Gesetzes

ex nunc (tunc)-Wirkung
„von jetzt“ bzw „von damals“ an (**nunc**: nun, jetzt; **tunc**: damals, dann). Bezeichnet wird damit die Wirkung der Aufhebung eines Rechtsgeschäftes, wobei entweder die Wirkungen als zunächst eingetreten und später wieder weggefallen angesehen werden (**ex nunc**-Wirkung) oder das Geschäft so behandelt wird, als ob es nie gültig zustande gekommen wäre (**ex tunc**-Wirkung).

ex offo (officio) von Amts wegen (zB: **ex offo**-Verteidiger; **officium**, -i n.: Amt)

explicite ausdrücklich, deutlich

ex post „von nachher aus“; gemeint ist der zeitliche Standpunkt des Betrachtens eines Vorganges

expressis verbis
mit ausdrücklichen Worten (Ablativ; **exprimo** 3, -pressi, -pressus: ausdrücken); ausdrücklich

formaliter auf förmliche Weise; der Form nach; förmlich

VI. Abschnitt

h.a. (hoc anno bzw **huius anni)**
in diesem Jahr bzw dieses Jahres

h.c. (honoris causa)
ehrenhalber (**honor**, -oris m.: Ehre; **causa**: s S 54)

hinc et nunc hier und jetzt

hoc loco an diesem Ort

h.t. (hoc titulo) unter diesem Titel

ibid. (ibidem) ebenda, am gleichen Ort

id. (idem) derselbe (Verfasser)

i.e. (id est) das ist, das heißt

implicite ohne ausdrückliche Erwähnung, inbegriffen

imp. (imprimatur) es möge (darf) gedruckt werden (Druckerlaubnis)

in absentia in Abwesenheit

in abstracto im allgemeinen, abgesehen von der Wirklichkeit (**abstraho** 3, -traxi, -tractus: entfernen, loslösen, trennen)

in brevi in Kürze

in casu im gegebenen Fall

in casum für den Fall

in concreto in Wirklichkeit, im besonderen

in eventu möglicherweise, eventuell (**eventus**, -us m.: Erfolg, Vorfall, Ereignis)

in extenso ausführlich, vollständig (wörtlich: im Ausgedehnten; **extendo** 3, -tendi, -tensus: ausdehnen, -breiten)

in iure am Gerichtsort, vor dem Gerichtsmagistrat

in medias res mitten in die Dinge hinein (**medius** 3: mittler, mittelst, mitten, in der Mitte)

in natura „in Natur“, wirklich (nicht künstlich)

in pleno vollzählig, in der Vollversammlung (**plenus** 3: voll, vollständig). Vgl: das Plenum

in praeteritum in der Vergangenheit, in die Vergangenheit wirkend (von **praetereo**, -ire, -ii, -itus: vorübergehen, vergehen)

in praxi im Alltag (übertragen auch: in der Rechtsprechung)

in spe wörtlich: „in Hoffnung“ (**spes**, spei f.: Hoffnung), zukünftig

in statu nascendi im Zustand des Entstehens (Gerundium von **nascor** 3, natus sum: geboren werden, entstehen)

in subsidio in zweiter Linie (**subsidium**, -i n.: Beistand, Hilfe, Hilfsmittel)

Interim, interimistisch
Zwischenzeit, zwischenzeitlich (**interim** adv.: unterdessen)

inter partes unter den Parteien (**inter**: Präp. + Akk.: zwischen, unter; **pars**, partis f.: Teil, Partei)

in toto gesamt, gänzlich (**totus** 3: ganz)

ipso facto durch die Tat selbst

ipso iure durch das Recht selbst, von Rechts wegen

item ebenso

leg. cit. (legis citatae)
„des zitierten Gesetzes“ (**cito** 1: auch: aufrufen)

lege non distinguente
vom Gesetz nicht unterschieden (**distinguo** 3, -tinxi, -tinctus: trennen, unterscheiden)

liquet es ist klar, es leuchtet ein (**liquet** 2, liquit: flüssig, klar sein)

VI. Abschnitt

loc. cit. (loco citato)
am angeführten Ort (Ablativ)

mutatis mutandis mit den entsprechenden Änderungen bei geänderten Voraussetzungen (wörtlich: mit den Veränderten zu Verändernden; **muto** 1: verändern)

N.N. (nomen nominandum oder **nomen nescio)**
„der zu nennende Name" bzw. „ich kenne den Namen nicht"

ne ultra alterum tantum
„nicht mehr als noch einmal so viel" (**ultra**: Präp. + Akk.: über ... hinaus; **tantum**, -i n.: eine solche Menge; **alter**, -era, erum: auch: der zweite): Haben die rückständigen Zinsen die Höhe der Forderung erreicht, so dürfen weitere nicht gefordert werden.

nomine im Namen, unter dem Titel (**nomen**, -inis n.: Name, Bezeichnung)

obiter dictum „das nebenbei Gesagte"; zB Stellungnahme in einem Urteil zu einer Frage, die nicht unmittelbar Gegenstand ist (**obiter** adv: nebenbei, gelegentlich; **dictum** von **dico** 3, dixi, dictus: sprechen)

op. cit. (opere citato)
im angeführten Werk (**opus**, -eris n.: Werk; **cito** 1: anführen)

ope exceptionis durch die Einrede, kraft Einrede (**ops**, opis f.: Kraft, Hilfe)

opinio iuris Rechtsmeinung, Rechtsansicht (**opinio**, -onis f.: Meinung)

pars pro toto „ein Teil für das Ganze" (**totus** 3: ganz, voll, alle; **pars**, partis f.: Teil), **pars pro toto**-Bezeichnung: Teilbegriff wird für Gesamtbegriff verwendet, zB „Herd" statt „Haus"

pass. (passim) an verschiedenen Stellen, öfter, verstreut

per acclamationem durch Zuruf, durch Beifallskundgebung (zB: Wahl „**per acclamationem**"; **per**: Präp. + Akk.: durch; **acclamatio**, -onis f.)

per analogiam durch Analogie; Analogieschluß; s S 40

per definitionem durch die Definition (**definitio**, -onis f.)

per mandatarium durch den Bevollmächtigten (von **mandatum**, -i n.: Auftrag)

per se durch sich („selbstverständlich“)

placet es gefällt (vgl: sein Plazet geben = seine Zustimmung geben; **placeo** 2, -ui: gefallen)

pleno iure mit vollem Recht

post eventum nach dem Ereignis (**eventus**, -us m.: Erfolg, Ereignis)

post mortem nach dem Tod (**mors**, mortis f.: Tod)

p.p. (praeter propter) fast genau, ungefähr

praeter legem außerhalb des Gesetzes, neben dem Gesetz (**praeter**: Präp. + Akk.: über … hinaus)

prima facie auf den ersten Anschein (**facies**, -ei f.: auch: Schein, Anschein)

primo (secundo, tertio) loco an erster (zweiter, dritter) Stelle

primus inter pares der Erste unter Gleichen (**par**, paris: gleichkommend, gleich)

pro forma zum Schein, „für die Form“ (**pro**: Präp. + Abl.: für, gemäß)

pro futuro für die Zukunft (**futurum**, -i n.)

pro non scripto als nicht geschrieben, beigesetzt (geltend)

pro rata (parte) nach bestimmten Anteilen, in bestimmtem Verhältnis

q.e. (quod est) was bedeutet

q.e.d. (quod erat demonstrandum) s S 190

quid iuris was ist rechtens

quod iure mit welchem Recht

ratione materiae nach der Natur der Sache

VI. Abschnitt

rebus sic stantibus s S 55

re integra bei unverändertem Zustand (**integer**, -gra, -grum: unberührt, unverändert)

sc. (scilicet) ergänze …, nämlich …, das heißt … (wörtlich: es ist erlaubt, zu wissen [**scire licet**], worauf eine Erklärung folgt)

s.e (salvo errore) unter Vorbehalt eines Irrtums (**salvus** 3: heil, wohlbehalten; im Abl. Abs.: ohne Verletzung, unbeschadet; **error**, -oris m.: Irrtum)

s.e.c. (salvo errore calculi)
unter Vorbehalt eines Rechenfehlers (**calculus**, -i m.: Rechnung)

s.o. (salvis ommissis)
unter Vorbehalt von Auslassungen bzw Nachlässigkeiten (**omissus** 3: nachlässig)

secundum tabulas grundbuchgemäß (im röm. Recht auch: gemäß dem Testament; s S 131)

sensu lato bzw **stricto**
im weiten bzw strengen Sinn (**sensus**, -us m.: Verständnis, Sinn, Bedeutung)

sic! so! (Betonung bei Zitaten)

s.t./c.t. (sine/cum tempore)
„ohne Zeit“/“mit Zeit“ (**tempus**, -oris n.: Zeit); Zeitangabe ohne bzw mit dem akademischen Viertel (8 Uhr s.t. = pünktlich, 8 Uhr c.t. = 8 Uhr 15)

status quo der Stand auf welchem; der bisherige (derzeitige) Stand (wörtlich: „Zustand in dem“)

sui generis von eigener Art (**genus**, generis n.: Gattung, Art), zB: Vertrag **sui generis**: vom Schema, vom Normalen abweichender Vertrag

suum cuique jedem das Seine

s.v. (sub voce) unter dem Stichwort (**vox**, vocis f.: Stimme, Wort, Äußerung)

tacite stillschweigend (vgl Konkludenz, konkludent, o S 51)

terminus technicus „technischer" Begriff, Fachausdruck

tertium comparationis
das Dritte des Vergleichs, der dritte Punkt im Vergleich (**comparatio**, -onis f.: Vergleich, Verhältnis)

ultima ratio das letzte Mittel, der letzte Ausweg

ultra vires über das Können („die Kräfte") hinaus (**vis** f.: Kraft, Können, Vermögen; **ultra**: Präp. + Akk.: über … hinaus)

uno actu in einem Akt (zeitlich gesehen; **actus**, -us m.: Handlung, Tat)

ut supra wie oben

via contractus auf vertraglichem Wege

via legis auf gesetzlichem Wege

videlicet „zu sehen ist erlaubt" = man darf dies verstehen im Sinn … (aus **licet** und **videre**)

vidi, vidimus ich (wir) habe(n) gesehen (Beglaubigungsvermerk; **video** 2, vidi, visus: sehen)

v. inf. (vide infra) siehe unten (**vide**: Imperativ zu **video** 2, vidi, visus: sehen)

v. s. (vide supra) siehe oben

v. v. (vice versa) umgekehrt

Stichwortverzeichnis

Nicht in das Register aufgenommen wurden die Rechtssätze/Rechtssprichwörter sowie die Kurzausdrücke und Abkürzungen, da beide Gruppen im VI. Abschnitt des Buches alphabetisch aufgelistet sind.

Stichwortverzeichnis

Stichwortverzeichnis

Stichwortverzeichnis

Stichwortverzeichnis

Stichwortverzeichnis

Stichwortverzeichnis

Stichwortverzeichnis

Stichwortverzeichnis

Notizen

Notizen

Notizen

Notizen